백제의 문화유산

신 광 섭

도서출판 주류성

백제의 문화유산

저　　　자	: 신 광 섭
저 작 권 자	: (재) 백제문화개발연구원
발　　　행	: 도서출판 주류성
발　행　인	: 최 병 식
인　쇄　일	: 2005년 12월 7일
발　행　일	: 2005년 12월 14일
등　록　일	: 1992년 3월 19일 제 21-325호
주　　　소	: 서울특별시 서초구 서초동 1305-5 창람(蒼藍)빌딩

TEL : 02-3481-1024(대표전화)
FAX : 02-3482-0656
HOMEPAGE : www.juluesung.co.kr
E-MAIL : juluesung@yanoo.co.kr

값 9,000원

잘못된 책은 교환해 드립니다.
ISBN 89-87096-54-8

본 역사문고는 국사편찬위원회를 통한 국고보조금으로 진행되는
3개년 계획 출판사업입니다.

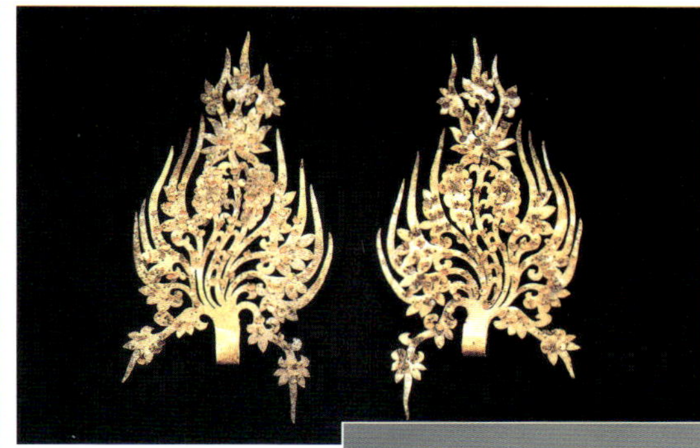

▲ 금제관식(왕, 국립공주박물관 소장)

▼ 금제심엽형이식(왕, 국립공주
　박물관 소장)

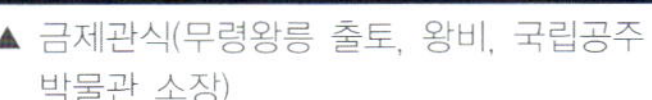

▲ 금제관식(무령왕릉 출토, 왕비, 국립공주
　박물관 소장)

▼ 금제뒤꽂이(국립공주박물관 소장)

▲ 익산 입점리고분 출토 금동관모
　(국립전주박물관 소장)

◀ 나주 신촌리고분 출토 금동관(국립
　중앙박물관 소장)

▼ 금제모자모양장식(국립공주박물관 소장)

▲ 금제수식부이식(왕비, 국립공주박물관 소장)

▲ 무령왕릉 내부

▶ 석수(국립공주
박물관 소장)

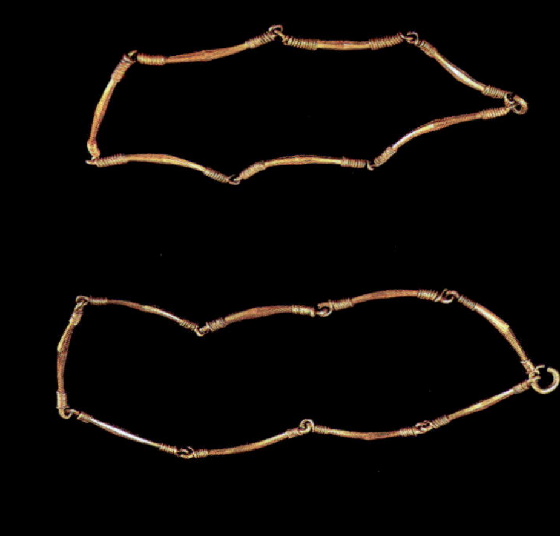

▲ 금제경식(왕비, 국립공주박물관 소장)

▼ 동탁은잔(국립공주박물관 소장)

▲ 동제수저(국립공주박물관 소장)

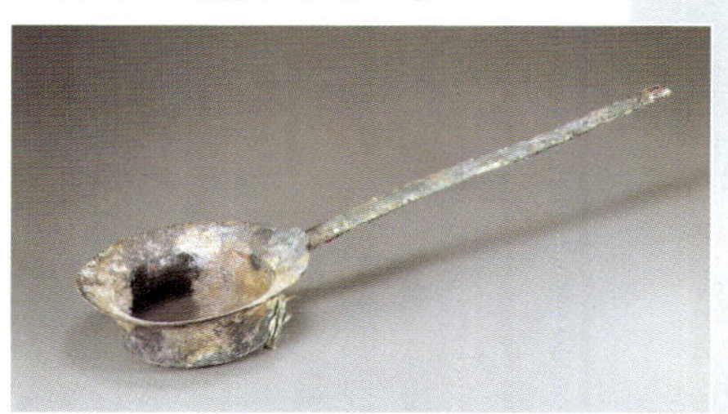

▲ 동제다리미(국립공주박물관 소장)

▶ 금동신발(국립전주
박물관 소장)

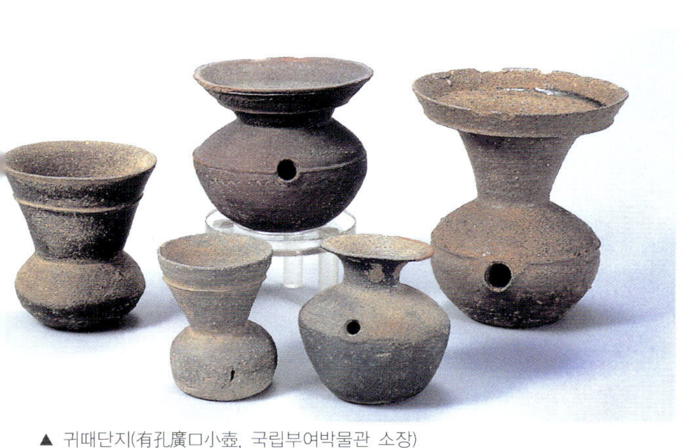

▲ 귀때단지(有孔廣口小壺, 국립부여박물관 소장)

단지 · 그릇받침 ▶
(壺 · 器臺, 국립부여박물관
소장)

▲ 굽다리접시(高杯, 국립부여박물관 소장)

◀ 굽다리바리
(臺附鉢, 국립부여
박물관 소장)

▲ 토기합(土器盒, 국립부여박물관 소장)

▲ 작은단지(小壺, 국립부여박물관 소장)

▲ 토기장군(橫缶, 국립부여박물관 소장)

◀ 원통형그릇받침
(圓筒形器臺, 서울대학교
박물관 소장)

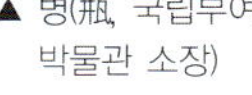

▲ 병(瓶, 국립부여
박물관 소장)

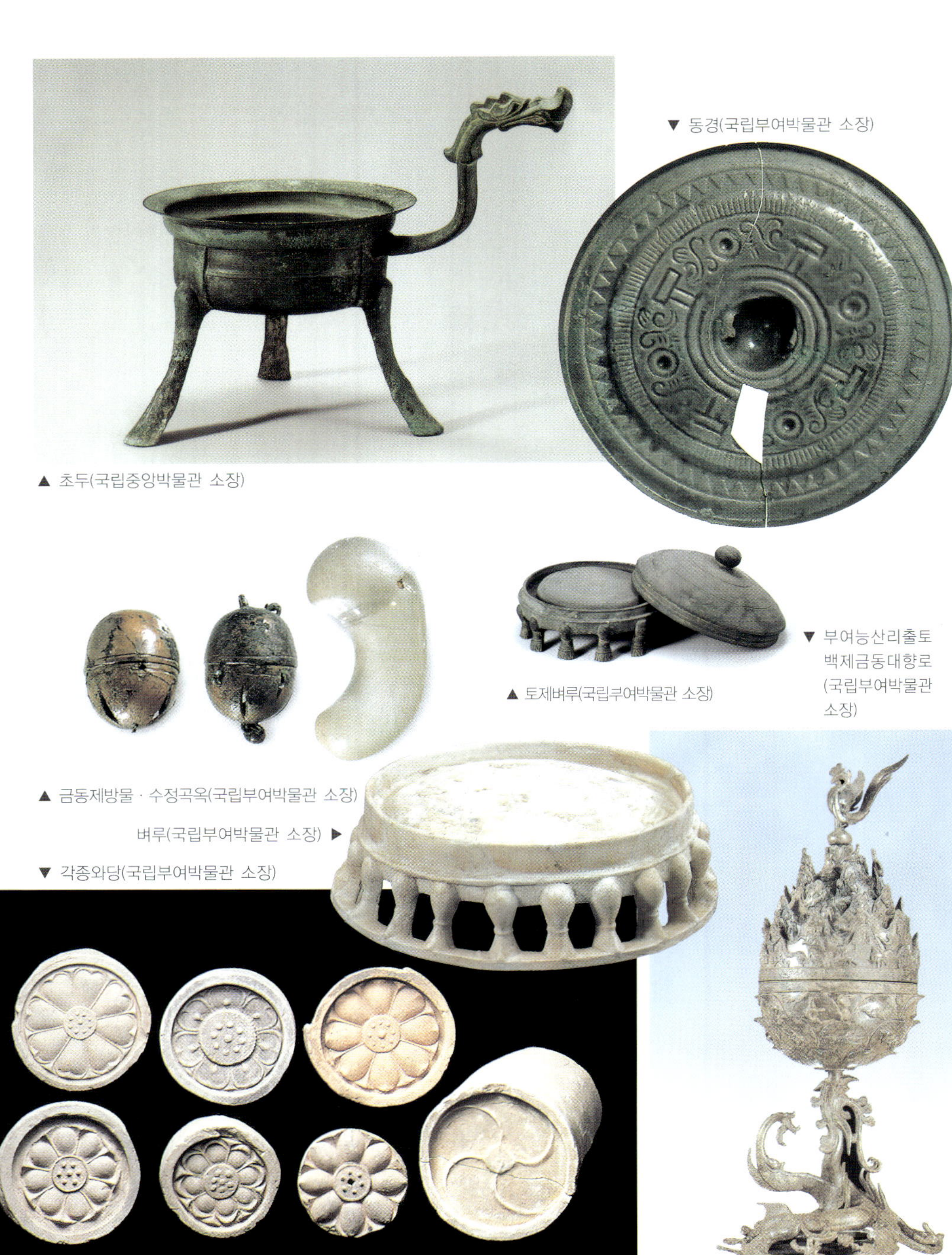

▼ 동경(국립부여박물관 소장)

▲ 초두(국립중앙박물관 소장)

▼ 부여능산리출토
백제금동대향로
(국립부여박물관
소장)

▲ 토제벼루(국립부여박물관 소장)

▲ 금동제방물 · 수정곡옥(국립부여박물관 소장)

벼루(국립부여박물관 소장) ▶

▼ 각종와당(국립부여박물관 소장)

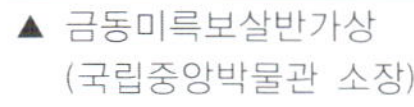
▲ 금동미륵보살반가상
(국립중앙박물관 소장)

▲ 공주 의당 금동보살입상(국립공주
박물관 소장)

◀ 금동석가여래입상(국립부여박물관 소장)

▼ 계유명전씨아미타불삼존석상
(국립중앙박물관 소장)

▲ 금동관세음보살입상(국립중앙박물관 소장)

▼ 서산마애삼존불

▲ 벽화 부여 능산리 동하총(국립부여박물관 소장)

▲ 풍납토성

▲ 마로산성

장미산성 ▶

◀ 부여 정림사지
5층석탑

▼ 미륵사지석탑

백제의 문화유산

차　례

차   례

백제의 역사

『삼국사기(三國史記)』의 기록에 따르면, 고구려의 시조인 동명왕(東明王)의 둘째 아들 온조(溫祚)가 기원전 18년경 일단의 무리를 이끌고 한강유역으로 남하하여 백제를 건국하였다고 전한다. 이 기록은 백제의 지배계층이 북쪽지방에서 한반도로 새롭게 이주해 온 집단임을 말해주는 것이며, 동시에 백제가 고구려와는 건국 당시부터 매우 밀접한 관계에 있었음을 보여주는 증거라고 할 수 있다.

백제가 건국할 당시 한강유역에는 이미 '마한(馬韓)'이라 부르는 소국들이 존재하고 있었다. 그러나 북쪽에서 새롭게 이동해 온 백제의 이주민 집단에 의해 점차 그 세력을 상실하고 백제의 영역으로 통합되었다. 고이왕(古爾王, 234~286)대에 이르러 백제는 마한의 소국들을 대부분 제압하고, 한강유역 전체를 아우르는 강력한 고대 국가의 하나로 부상하기에 이른다.

이러한 사실은 『삼국사기』와 같은 문헌자료의 언급뿐만 아니라 고고학 자료인 무덤양식을 통해서도 파악되었다. 소위 '계단식돌무지무덤[基壇

式積石塚)'의 존재가 기록의 사실 여부를 강하게 뒷받침하고 있다.

서울 석촌동(石村洞)에 자리한 계단식돌무지무덤은 과거 고구려의 영역이었던 중국 길림성(吉林省) 집안시(集安市) 통구(通溝)평야의 장군총(將軍塚)과 매우 흡사하다. 이는 서울 석촌동의 계단식돌무지무덤이 고구려 왕족의 무덤에서 비롯되었다는 것을 보여주는 것이다. 또한 규모 면에서도 석촌동 계단식돌무지무덤이 당시 백제의 왕실에서 축조해 사용했던 무덤이라는 사실을 미루어 짐작할 수 있다. 이렇듯 북쪽에서 남하한 백제의 건국세력은 초기에 마한의 소국들을 병합하고, 강력한 고대 국가로 성장했음을 알 수 있다. 4세기에 접어들면서 백제는 중국 한사군(漢四郡) 중의 하나인 낙랑(樂浪)이 고구려에 의해 멸망당하는 역사적인 사변을 경험한다. 이와 같은 주변정세의 격변 속에서 백제가 직면했던 가장 큰 변화는 경쟁관계의 고구려와 국경을 직접 마주하게 되었다는 점에 있다.

이 같은 상황에서 고구려의 입장은 광개토왕(廣開土王, 391~413) 이래로 꾸준히 추진해 온 남진정책에서 장애요소가 되었던 백제를 단번에 제거하는 것이었다. 이러한 이유로 백제는 그동안 군사적으로 완충적인 역할을 해주었던 낙랑이 소멸함으로써 긴장할 수밖에 없었다.

고구려는 당시 천하를 호령할 듯 기세가 높았던 고대국가다. 그래서 단숨에 백제의 국경을 돌파하여 당시 백제의 수도였던 한성까지 진격한다. 고구려의 공세에 맞서 백제는 강렬하게 저항하지만, 공격을 버티지 못한 채 500년 도읍지 언저리의 한강유역을 상실하고 만다. 이에 백제는 황급히 수도를 현재의 충남 공주지역인 웅진(熊津)으로 옮기게 된다.

비록 백제가 고구려와의 전쟁에서 패했지만, 웅진으로의 천도는 한편으로 충청도와 전라도지방의 마한 소국을 제압하는 계기가 되었다. 즉, 웅진으로의 남천을 마한 세력을 완전한 흡수 기회로 삼았던 것이다.

웅진으로 천도를 단행한 백제는 왕실 권위의 추락과 귀족세력의

지석

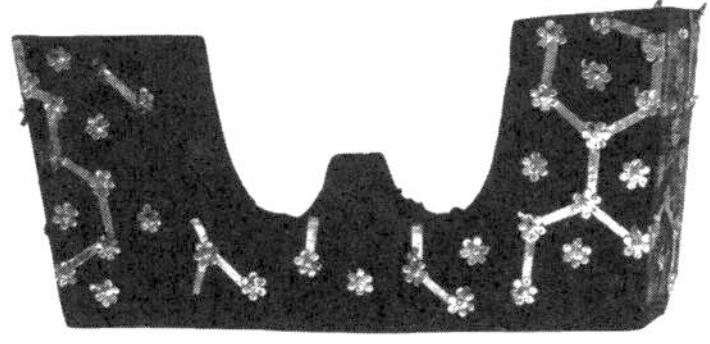

족좌(왕)

준동으로 인해 한동안 국운이 급격히 기우는 듯 했다. 그러나 동성왕(東城王, 479~501)과 무령왕(武寧王, 501~523)이라는 뛰어난 왕을 지도자로 맞이하면서 그동안 왕권을 좌지우지하던 귀족들의 난동을 제압하고 실추되었던 왕권을 서서히 회복하게 된다.

이후, 백제는 회복된 왕권을 바탕으로 우선 내치에 힘쓰고, 외적으로는 중국과의 활발한 교류를 통해 선진문물을 적극적으로 받아들였다. 고구려와의 전쟁으로 약화되었던 국력도 점차 회복되어 국가 재건을 위한 발판을 다잡는다.

이 시기가 앞선 한성시대만큼은 국력이 회복된 것은 물론 아니었다.

청동신수경

그러나 라이벌 관계에 있던 고구려와 다시금 겨룰만한 국력을 쌓게 된다. 또 백제는 웅진이 왕국의 수도로 사용하기에는 입지조건이 다소 열악하다는 점을 들어 다른 곳으로 수도를 이전할 계획을 수립한다. 당시 선택된 새로운 수도가 바로 사비(泗泚)이다. 사비는 지금의 충남 부여지방에 해당한다. 사비로의 천도는 성왕(聖王, 523~554)때 이루어진다.

백제는 사비에서 웅진에 비해 더할 나위없이 완비된 수도의 조건을 갖춘다. 이때 사비지역에서 꽃핀 백제의 문화는 사상 최고의 부흥기를 맞이하며, 당시 백제의 문화는 국내는 물론 이웃인 일본의 고대문화 형성에도 지대한 영향을 끼칠 정도로 높은 수준에 도달한다.

이렇듯 백제 역사는 시간적 공간과 함께 수도의 입지적 변화에 따라 정치적 시대상황이 뚜렷이 구분된다. 이 같은 특수성 때문에 오늘날의 역사학자들은 백제의 역사를 구분할 때, 한성시대(漢城時代, B.C. 18~A.D. 475), 웅진시대(熊津時代, 475~538), 사비시대(泗泚時代, 538~660)로 나누어 호칭하고 있다.

백제문화재 개관
百濟文化財 槪觀

　문화(文化)란 인류학에서 주로 연구하는 개념으로 상의 어휘 중 하나이다. 영국의 저명한 고고학자 타일러(E. B. Tylor)는 "문화란 사회구성원에 의해 습득된 지식, 신앙, 예술, 법, 도덕, 관습 및 인간이 사회의 성원으로서 획득한 어떤 다른 능력이나 습관 등을 포함한 복합총체"라고 정의했다.

　이러한 견지에서 본 문화재의 의미는 인간이 문화행위를 통해서 생산해 낸 가시적이고 물질적인 표현만을 지칭하는 것은 아니다. 구전(口傳) · 음악 · 인종학적인 유산 · 민속 · 법 · 습관 · 생활양식 등 인종적 또는 국민적인 체질의 본질을 표현하는 모든 것을 포괄한다고 할 수 있다. 따라서 '백제문화재'도 결국은 당시 백제 사람들이 만들어 낸 모든 물질적 · 정신적인 산물을 뜻한다.

　백제의 문화는 고구려 · 신라와는 다르게 섬세하고도 온아한 미술문화로 평가되어 왔다. 소박한 기풍이 풍기는 토기들, 화려하지 않으면서도 격조의 조화를 표현한 기와무늬들, 근엄보다는 고졸(古拙)한 불상의 미소, 목조의 조형을 연상케 하는 석탑의 기법 속에 밴 절제된 단순미, 그리고 무령왕릉 부장유물과 부여 출토품 향로가 보여주는 화려한 예술 수준 또한 백제의 것이다.

 백제의 문화는 여러 측면에서 특징을 찾을 수 있다. 그러나 무엇보다 '바다와 강의 문화예술'로 부르는 것이 좋을 듯하다. 백제는 다 알다시피 강을 거점으로 왕도를 세우고, 또 두 차례의 천도에서도 도읍지를 강가에 정한 나라다. 한강을 거점으로 한 초기의 한성시대(漢城時代, B.C. 18~A.D. 475), 금강의 웅진을 중심으로한 웅진시대(熊津時代, A.D. 475~538), 금강의 소부리(所夫理)를 거점으로 옮긴 후기의 사비시대(泗泚時代, A.D. 538~660)가 그렇다. 바다와 강을 좋아하고, 이를 이용할 줄 아는 사람들의 문화인 것이다.

 강은 인류문명의 근원이며 모태다. 지구상의 주요한 문명이 예외없이 강을 중심으로 발생한 것은 우연이 아니다. 강은 교통수단으로서 뿐만이 아니라, 농경사회가 아닌 안착사회에서는 생명원이자 문화의 전파통로일 수도 있다. 한반도에서 좋은 강을 늘 끼고 살았던 백제인들에게 물은 융성을 기약하는 풍요로운 생명의, 그리고 일조량이 넉넉한 비옥한 평야를 영토로 두게 함으로써 찬란한 문화를 꽃피울 수 있게 하였다.

 강의 주변에 펼쳐진 농업의 발달 못지않게 중요한 지리적 여건은 바다이다. 바다는 크게 두 가지 면에서 문화생성과 그 촉진의 기능을 갖는다. 하나는 바다가 주는 식품으로서의 어산물이다. 리아스식에다 조수간만의 차가 많은 서해안은 고기잡이 도구가 변변치 못했을 지라도

식량 공급의 중요한 원천이었음에
틀림없다. 특히 소금의 생산은 중
요한 경제기반의 하나로 고대국가
간의 문화의 다리를 놓는 매개였
을 것이다.

그리고 다른 하나는 바닷길을 열
어 해양을 개척했다는 사실이다.

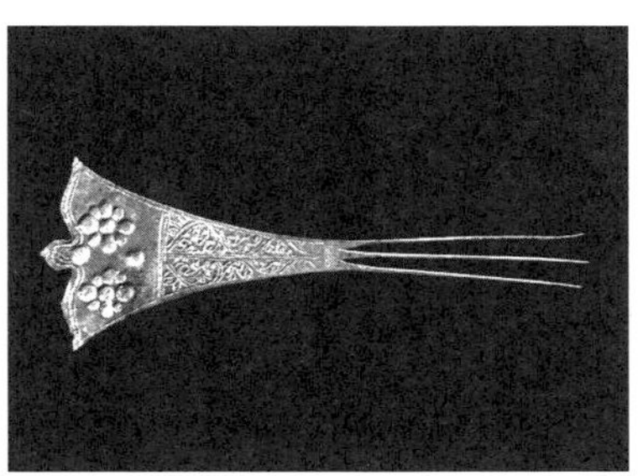
금제뒤꽂이(왕)

그래서 중국과의 문화교류를 선도했기 때문에 고구려나 신라에 비해
일찍 문화를 발전시켰다. 이 같은 백제의 열린 창구이자 통로이기도 했
던 바닷길은 중국 남조의 선진문화를 적극적으로 수용하는 계기를 만
들어 주었다. 그리고 문화면에서 주변의 여러 나라와 서로 깊은 연관을
맺으며 발전하게 하였다.

백제는 같은 부족계통인 고구려는 물론 중국의 한족(漢族)으로부터도
문화적 영향을 받는데 주저하지 않았다. 그리고 다시 이를 동쪽의 신라
나 바다 건너 후진의 일본에 전해주었던 것이다. 대체로 백제 초기의
문화는 고구려의 영향을 크게 받았던 것으로 보인다. 그러나 웅진시대
부터는 고구려와의 정치관계가 끊어짐에 따라 중국과의 교류가 활발해
졌다. 특히 중국 남조(南朝) 문화는 백제의 문화와 예술 발달을 부추겼
다. 무령왕릉의 묘제나, 묘에서 출토된 사기그릇은 남조와의 관계를 설
명하는 중요한 증거이다. 기와와 벽돌을 만들면서도 그 시원(始原)을
중국 남조의 양나라로 밝히는 명문을 새겼으며, 와당(瓦當)에 은은하게

은제팔찌

핀 연꽃무늬도 왠지 남조와 닮은 것 같다. 그러나 이들 문화는 어디까지나 백제적으로 재창조되었다.

이러한 문화의 형성과정의 차이는 신라문화가 토착문화의 요소를 강인하게 지녔던 것과는 사뭇 다르다. 즉, 백제는 외래문화의 적극적인 수용으로 보다 폭이 넓은 문화발전을 꾀했던 것이며, 이는 대외적인 개방성과 적극성을 함축한 백제문화의 특성이기도 했다.

고분군과 출토유물
古墳群과 出土遺物

1. 백제 고분문화 개관

(1) 백제무덤, 그 기원과 형성

기록을 통해 본 백제의 형성과정을 살펴보면, 초기 백제의 주민구성은 비교적 복잡하게 이루어졌던 것으로 보인다. 이러한 이유로 인해 백제의 무덤은 그 형태나 양식이 매우 다양하게 표출되었다.

인간의 죽음에 어떤 의미를 부여하는 조형물이 무덤이다. 그리고 죽음을 애도하고자 생겨난 상장례(喪葬禮)와 무덤은 그 속성상 독립된 단위사회의 내부에서 오랫동안 전통으로 유지되었다. 다시말해 무덤은 '죽음'에 관한 전통적인 사상의 토대 위에서 만들어지는 것이다. 이 때문에 무덤의 구조나 모양은 독립된 집단 혹은 더욱 범위를 넓혀 민족 등의 단위별로 독특한 형태를 보이는 경향이 있다. 이에 따라 한 번 지은 무덤은 양식이나 구조적 전통이 쉽게 변하지 않는 속성을 갖는다.

이 같은 의미에서 백제무덤양식의 변천과정을 살펴본다는 것은 백제

주민의 기원을 밝히는 매우 중요한 작업이며, 동시에 '백제'라는 테두리 안에서 서로 다른 주민들과의 통합이나 분리가 어떻게 이루어졌는지를 밝혀 내는 일이기도 할 것이다.

이미 앞에서 소개한 백제의 역사와 마찬가지로 백제의 무덤 또한 그 분포양상이 넓다. 우선 도읍의 변천을 따라 서울, 공주, 부여 등으로 구분할 수 있다. 또한 이들 도읍과는 별개로 한반도 남서부지역의 영산강 유역에는 매우 독특한 형태의 무덤들이 분포되어 주목을 끈다.

이와 같이 다소 복잡한 백제의 무덤양식을 이해하기 위해서는 세력집단과 묘제의 전통성을 살필 필요가 있다. 이를테면 백제의 중심세력이 사용했던 무덤과 이들 세력에 앞서 전통을 달리한 토착세력 마한(馬韓) 소국들의 무덤양식이 그것이다.

백제무덤양식의 변천모습을 간략히 살펴보면, 한성시대 백제의 중심세력이 사용하던 대표적인 무덤양식은 돌무지무덤이었다. 이 무덤은 고구려 무덤양식의 전통과 특징을 그대로 계승한 것으로 보인다. 이러한 돌무지무덤은 시간이 지나면서 점차 소멸되었고, 굴식돌방무덤이라는 새로운 양식의 무덤이 등장한다. 굴식돌방무덤이 백제 중앙세력의 주요한 무덤으로 등장하는 배경에는 여러 요인이 있겠지만 무엇보다도 중국과의 교류가 결정적인 역할을 했던 것으로 보인다.

한편, 이 무렵 백제에서는 움무덤이나 독무덤과 같은 다른 양식의 무덤들도 존재했다. 이들 무덤의 기원은 당시 백제의 중심세력이 남하하기 이전부터 한강유역에 먼저 터를 잡았던 마한의 전통적인 무덤양식으로 알려져 있다. 그러나 이들 움무덤이나 독무덤들도 시간이 지나면서 후대로 계승되는 가운데 점차 굴식돌방무덤과 혼합되었다. 특히 이러한 변화과정은 영산강유역의 전남 영암과 나주지역 등에서 뚜렷이 나타나고 있다.

전남지방의 영암, 나주 등은 백제 중심세력의 영향력이 직접적으로 미치기 이전에는 독자적인 정치권을 지닌 집단이었다. 이들 지역에서는 대형의 독무덤과 장고형(長鼓形)의 봉분을 갖춘 돌방무덤 등 매우 독특한 형태의 무덤들이 축조되었다. 그러나 백제 중심세력에 의해 직접적인 통치를 받게 되는 6세기 이후부터는 서서히 굴식돌방무덤으로 전환되어 기존의 전통적인 무덤양식들은 사라진다.

이와 같이 백제 중심세력의 정치적인 영향력의 변화를 따라 다양하게 나타나는 백제무덤의 양상을 구체적으로 살펴보면 아래와 같다.

(2) 한성(漢城)의 백제무덤

한성시대 백제의 무덤양식은 구체적인 자료의 부족으로 전모를 정확히 파악하기가 힘들다.

지금까지 가장 확실하게 밝혀진 백제의 초기 무덤은 서울 석촌동(石村洞)에서 발견된 계단형돌무지무덤이다. 이 무덤은 당시 한강유역에 자리를 잡았던 백제 세력집단의 통치기반과 맞물린, 왕실의 무덤과 관련이 깊은 것으로 추정하고 있다. 축조시기는 백제가 고대 왕국의 기틀을 마련하는 4세기 전반으로 보인다.

이 외에도 연천 삼곶리(連川 三串里), 춘천 중도(春川 中島), 양평 문호리(楊平 汶湖里) 등지에서도 돌무지무덤이 발견되었다. 그러나 이들 무덤은 서울 석촌동 계단형돌무지무덤양식과는 약간의 차이가 보여 백제의 무덤과 직접 관련짓기에는 좀 무리가 따를 수 있다는 것이 학계의 의견이다.

백제 한성시대의 또 다른 무덤양식으로 돌방무덤이 있다. 서울 가락동(可樂洞)과 방이동(芳荑洞) 등 한강유역을 중심으로 한 지역과 원주 법천리(原州 法泉里)나 화성 백곡리(華城 白谷里) 등 당시 백제의 변방지역에 자리한 돌방무덤이 그것이다.

이들 '돌방무덤'에 묻힌 사람들이 백제에서 차지한 사회적 신분을 놓고는 학자들의 의견이 엇갈린다. 아마도 왕족보다는 한 두 단계 정도 낮은 신분의 귀족계층이거나, 해당지역의 유력한 세력자의 무덤으로 추정하고 있다. 무덤 안에서는 장식이 붙은 칼과 금은제 장신구 유물이 나온다.

이 같은 출토유물은 백제의 중앙집권체제가 정착되는 4세기 이후, 지방으로 파견한 관료나 지방세력들에게 왕이 내린 사여품(賜與品)으로 보는 견해가 설득력을 얻고 있다. 그리고 보면 이러한 유물들은 당시 백제의 중앙정치세력이 지방 통치방식을 보여주는 유물인 것이다.

그리고 굴식돌방무덤에서 나오는 껴묻거리 중에는 병이나 양(羊) 모양을 한 청자 등이 보인다. 이 같은 고도의 제작기술을 필요로 하는 도자기를 백제는 자체적으로 생산을 할 수 없었기 때문에 중국으로부터

수입했던 것으로 여겨진다. 이처럼 백제는 일찍부터 중국과 교류의 길을 열었다. 백제문화에서 국제성 내지 개방성이 엿보이는 것도 이 때문이다.

한성시대 백제의 중심지를 포함한 거의 대부분의 지역에서는 '돌방무덤' 외에도 움무덤이나 독널무덤들이 발견되고 있다. 이 중 움무덤은 시신을 안치하는 매장시설과 그 위를 덮는 봉분으로 구성되었다. 매장시설에 해당하는 '움'의 내부에는 나무널을 별도로 설치하여 시신을 모시고 있다. 서울 석촌동, 천안 청당동, 화성리, 신풍리, 청주 신봉동, 송절동 등지에서 이러한 형태의 백제움무덤들이 다수 발견되었다.

서울 석촌동에서 발견한 대형움무덤은 하나의 움 안에 여러 개의 나무널을 안치할 별도의 움을 파서 지었다. 내부에는 시신과 함께 칠기를 비롯 토기와 철기 등 많은 유물을 껴묻거리로 묻는 구조를 취하고 있다. 이러한 형태의 움무덤은 백제지역에서 사례가 드문 무덤양식이다. 그래서 초기 백제사회의 무덤양식을 연구하는데 희귀한 자료로 평가 되고 있다.

천안 청당동에서 발견된 움무덤의 경우는 움의 주변에 봉분을 감싸는 형태로 'ㄷ'자 혹은 'ㅁ'자 형태의 도랑을 파낸 흔적이 남아있음을 볼 수가 있는데, 이러한 모습의 무덤을 가리켜 '주구토광묘(周溝土壙墓)'라고 부르고 있으며 일반적인 움무덤과 구별하고 있다.

이와 같이 한성시대에 조성된 백제의 초기 무덤들은 세부적인 내용에 있어서 지역적 혹은 시기적으로 상당히 다양한 형태의 무덤들이 축조되고 있다. 한편 한성시대 무덤의 입지는 주로 강변의 충적평야나 평지에 조성되어 있다.

(3) 웅진(熊津)의 백제무덤

백제와 고구려의 관계는 5세기 후반에 이르러 급속히 악화되는데, 원인은 무엇보다도 고구려의 남진정책에서 찾을 수 있다. 당시 삼국 중 세력이 가장 강성했던 고구려는 광개토왕(廣開土王, 391~413) 이래 한반도를 통일하고자 꾸준히 남진정책을 추진하고 있었다.

이에 따라 백제는 고구려의 남진정책을 저지하기 위해 맹렬한 항전에 나선다. 그러나 광개토왕의 뒤를 이은 장수왕대(長壽王代, 413~491)에 이르러서 결국 백제는 한강유역에 대한 지배권을 고구려에게 송두리째 빼앗기고 만다. 이 전쟁의 와중에 당시 백제의 왕이었던 개로(蓋鹵, 455~475)가 전사하고, 한성을 잃어버리는 손실을 입는다. 서기 475년 전사한 개로왕의 뒤를 이어 즉위한 문주왕(文周王, 475~477)은 한성에서 공주지역으로 급히 천도를 단행한다. 이때부터를 백제의 웅진시대(熊津時代, 475~538)라고 부른다.

한성시대 이후 63년간 지속된 백제의 웅진시대에는 무덤들 또한 독특한 양식으로 만들었다. 그 대표적인 예가 벽돌무덤과 굴식돌방무덤이다.

중국 남조(南朝)에서 유행한 무덤양식이었던 벽돌무덤은 삼국 중 유일하게 백제만 받아들였던 것으로 보인다. 백제가 벽돌무덤을 수용하게 된 계기는 외교관계에서 비롯되었을 것이다. 고구려와의 전쟁에서 패하게 되면서 한강유역을 빼앗기고 공주(公州)로 천도를 단행하는 등 국가가 존폐의 위기에 놓였을 때, 백제가 이 위기를 극복하기 위해 먼저 중국과의 외교관계를 강화하기에 이른다. 벽돌무덤은 이러한 과정을 거치는 동안 자연스럽게 수용된 것으로 보고 있다.

백제가 중국으로부터 벽돌무덤을 받아들인 시기는 왕권의 안정이 이루어지기 시작하는 동성왕(東城王, 479~501)대로 추정하고 있으며, 웅진시대를 마지막으로 더 이상 벽돌무덤을 축조하지 않은 것으로 보인다.

이렇듯 벽돌무덤의 존속기간은 짧았지만, 한성시대 이래로 웅진시대까지 꾸준히 축조되어 왔던 백제의 또 다른 무덤양식인 굴식돌방무덤에 얼마만큼 영향을 끼쳤을 것으로 보인다.

공주 무령왕릉과 송산리(宋山里) 6호분, 그리고 현재는 기록만 남은 교촌리(校村里) 2·3호분 등이 대표적인 백제벽돌무덤이다.

백제의 전통적인 무덤양식이라고 할 수 있는 굴식돌방무덤 또한 활발히 조성된 시기는 웅진시대다. 이 시기에 축조한 굴식돌방무덤은 일제강점기부터 이미 존재가 알려진 공주 송산리와 교촌리고분군이 있다. 그리고 최근에 보강조사가 이루어진 공주 금학동(公州 金鶴洞)을 비롯 주미리(舟尾里), 신기동(新基洞), 시목동(柿木洞), 웅진동(熊津洞)고분군 등이 여기에 포함된다.

굴식돌방무덤은 축조방식과 형태에 따라 약간의 시기적인 차이를 반영하고 있는데, 이를 판별하는 기준은 무덤의 천장과 평면형태다. 이를테면, 웅진시대 굴식돌방무덤의 바닥 평면은 크게 정사각형과 직사각형으로 구분된다. 특히 정사각형의 바닥면 형태를 한 무덤은 입구를 벽면 좌우의 모서리 부분으로 몰아 붙였다. 천정은 양을 한 이른바 궁륭형(穹窿形)이다. 이는 웅진시대 굴식돌방무덤의 전형이었거니와 시기적으로도 가장 앞서는 것으로 알려져 있다.

굴식돌방무덤에서 바닥 평면이 직사각형인 경우 벽은 괴석으로 쌓고, 가운데다 짧은 들머리를 냈다. 이때 천정은 여러가지 형태로 나타난다. 천장의 종류는 몇 장의 판석을 써서 평평하게 덮은 경우, 여러 장의 판석을 맞배지붕 모양으로 덮은 경우, 작은 산돌들을 안쪽으로 경사지게 쌓아 아치형을 이룬 경우 등이 있다.

굴식돌방무덤은 6세기 이후가 되면서 영산강유역의 마한지역을 포함하여 당시 백제가 차지했던 거의 모든 영역으로 확산되어 백제의 대표적인 무덤양식으로 자리를 잡는다. 웅진시대 백제무덤들은 대부분이 산의 구릉면을 차고 앉아 한성시대무덤의 입지와는 현격한 차이를 드러냈다.

(4) 사비(泗沘)의 백제무덤

백제의 사비천도는 문헌자료에서 보이는 것처럼 철저한 도시계획을 바탕으로 이루어졌을 것이다. 사비시대 백제의 도성이었던 부여지역은 부소산(扶蘇山) 일대를 중심으로 정림사지(定林寺址)에서 궁남지(宮南池)로 이어지는 남북을 장축으로 하는 기본구조를 가지고 있다. 그리고 외곽으로는 나성을 둘러 외침에 대비하고, 도성의 중심부에서 멀리 떨어진 주변지역에는 성흥산성(聖興山城)과 같은 보조산성 등을 쌓아 체계적인 도성방비체계를 갖추었다.

도성내부의 행정망으로는 전체를 상·중·하·전·후 등 각각 오부(五部)로 분할하고, 각 부를 다시 오항(五港)으로 나누어 편제하였다는 것이 문헌에 나오는 기록이다. 이는 부여 동남리 향교(鄕校)에서 출토된 '전부(前部)' 명 표석과 부여 관북리(官北里)에서 출토된 '중부(中部)' 명 목간(木簡) 등을 통해 구체적으로 확인할 수 있다.

이렇듯 체계적인 행정망을 갖춘 사비도성에서는 무덤의 입지 또한 치밀한 계획을 가지고 선택했다는 것을 알 수 있다. 사비지역에서 왕실의 무덤으로 추정되는 능산리고분군은 도성과 비교적 인접한 나성의 바로 바깥쪽에 자리했다. 왕족에 비해 사회적 신분이 낮은 귀족 혹은 일반인의 무덤은 부여 염창리(鹽昌里), 저석리(楮石里), 신리(新里) 등 비교적 도성에서 멀리 떨어져 있다. 이것은 당시의 사회구조가 분화되었음을 나타내고 있는 것이다. 그래서 사람들이 죽어서 묻히는 유택(幽宅) 또한 정연하게 자리를 잡은 것이다. 무덤을 짓는 기술도 대단했다. 이러한 사실은 왕실의 무덤으로 추정되는 능산리무덤군에서 확인할 수 있다.

부여 능산리 1호 무덤을 먼저 들여다 보면, 평면은 장방형을 이루었고, 안에는 큰 화강암을 다듬어 벽과 천정을 갖추었다. 바닥은 돌을 벽돌처럼 일정한 크기로 다듬어 정연하게 깔았다. 또한 벽면에는 화려한 색체의 물감을 사용하여 사신도(四神圖)를 그려놓았다. 돌을 다루는 석공과 그림을 그리는 화공의 솜씨를 쉽게 가늠할 수 있는 것이다.

백제 사비시대의 무덤양식에 나타나는 또 하나의 특징으로는 화장무덤의 유행을 들 수가 있다. 불교의 성장과 밀접한 관련을 갖는 묘제가 화장무덤이다. 사비도성의 정림사지, 능산리사지(陵山里寺址) 같은 대형사찰을 통해 당시에 불교가 성행하였음을 알 수 있다.

고대사회에서 불교는 왕실을 비롯한 집권계층은 물론 일반에게까지 막대한 영향력을 행사했다. 이러한 이유로 다비(荼毘)라는 불교의 장례법은 당시 시대적 요구에 대한 당연한 응답일지도 모른다. 부여 중정리(中井里), 상금리(上錦里), 쌍북리(雙北里) 등지어서 발견된 화장무덤 등은 이를 반영한 묘제라 할 수 있을 것이다.

(5) 영산강유역의 백제무덤

영산강유역은 지리적으로 한반도의 서남쪽 모서리에 위치하고 있다. 백제의 중심세력이 처음 터를 잡았던 한강유역으로부터는 상당한 거리다. 이러한 지리적인 원인 때문인지, 적어도 5세기 후반까지는 백제의 중앙세력이 영산강유역의 마한 세력을 직접 통치하기는 어려웠을 것이다. 이 같은 정치적 통치양상은 영산강유역에 분포한 고대무덤에서도 확인이 된다.

영산강유역의 재지세력은 청동기시대 같은 이른 시기에는 고인돌이나 소형독무덤 등을 무덤으로 사용했던 것으로 보인다. 세월이 흘러 철기시대가 도래하면서는 무덤양식이 점차 널무덤이나 대형독무덤으로 전환되었다. 이와 같은 현상의 직접적인 원인은 이질적인 집단간의 접촉에서 비롯되었을 것이다. 어찌되었던 삼국시대가 완성되어 가는 4세기 무렵까지 이 같은 전통의 묘제는 지속되었던 것으로 보인다.

영산강유역의 5세기 후반은 정치적으로 급변기였다. 고구려와의 전쟁에서 패한 백제의 중심세력이 한성에서 웅진으로 나앉으면서, 영산강유역의 마한세력은 그들과 한층 가까운 위치로 접근하게 되었다.

이 무렵 백제는 중국의 선진문물을 수용해왔던 외교통로를 고구려에 빼앗긴다. 이에 따라 고립에 빠진 백제의 중앙세력은 마한세력이 독자적으로 유지했던 중국과의 외교채널을 탐내지 않을 수 없었다. 이는 백제의 중앙세력이 마한 병합을 가속화시킨 요인의 하나가 되었다.

이러한 일련의 정치적인 변화과정은 한동안 정체되었던 영산강유역의 사회·문화적인 양상에도 커다란 변화를 안겨주었다. 이 변화 중의 하나가 백제 중앙세력의 무덤양식인 굴식돌방무덤의 영산강유역 전파다.

마한 고유의 전통적 무덤양식인 널무덤과 대형독무덤을 그런대로 유지해 온 영산강유역의 재지세력은 백제로부터 전파되는 새로운 무덤양식인 굴식돌방무덤을 수용할 수밖에 없는 처지가 되었다. 그래서 마한 고유 널무덤이나 독무덤은 서서히 소멸의 길을 걷는다. 이 같은 과정을 가장 적나라하게 보여주는 대표적인 유적은 복암리(伏岩里)고분군이다. 거대한 봉분 속에 독무덤과 굴식돌방무덤이 혼재한 나주 복암리무덤은 당시 영산강유역의 정치적인 변화이기도 한 마한의 백제화를 고스란히 반영하고 있다.

이러한 현상은 최근 영산강유역의 고고학 발굴조사에서 속속 드러난다. 이를테면, 영암 수산리(水山里)의 조감고분이나 무안 구산리(九山里)의 호동고분 등이 그것이다. 이들 무덤들은 재지세력의 독무덤과 백제 중앙세력의 전통 무덤양식인 굴식돌방무덤이 혼재했다가 결국은 굴식돌방무덤으로 바뀌는 현상을 그대로 보여주었다.

한편, '전방후원분(前方後圓墳)'이라고도 말하는 독특한 형태의 무덤이 마한지역에서 나타난다. 봉분을 갖춘 무덤 앞에 네모꼴 대지를 둔 이 무덤은 광주 명화동과 월계동에서 발굴되었다. 하늘은 둥글고 땅은 모가 진 것으로 생각하는 동양 전통의 우주관인 천원지방(天圓地方) 사상을 함축했다는 전방후원분은 삼국시대 한반도보다는 일본고분에서 흔히 보이는 무덤이다. 직접적이지는 않지만, 마한의 재지세력이 왜(倭)와 교류한 가능성을 보여주는 무덤이기도 하다. 유물은 주로 원통모양의 토기가 나온다.

이와 같이 상당히 복잡했던 영산강유역 무덤은 6세기가 지나면서 점차 백제의 중앙세력에 동화되어 굴식돌방무덤으로 통일된다.

2. 백제 고분군과 출토유물

공주 송산리고분군(公州 宋山里古墳群)

충청남도 공주시 금성동(옛지명은 공주읍 송산리)에 자리한 백제시대의 고분군으로 사적 제13호로 지정되었다. 무령왕릉을 포함하여 모두

10여 기 정도가 남아있다.

고분은 해발 130m의 송산(宋山)을 북쪽의 주산으로 한 구릉 중턱의 남쪽 경사면에 분포되어 있다. 계곡을 사이에 두고 서쪽에는 무령왕릉과 제5 · 6호분이, 동북쪽에는 제1~4호분이 자리를 잡았다.

공주 송산리고분군

1927년 제1~5호분에 이어 1933년에는 일본인 가루베[輕部慈恩]가 제6호 벽돌무덤을 조사했다. 1936년 사적지로 지정되었고, 1971년 제5호분과 제6호분의 보수공사 때 무령왕릉이 발견됨으로써 백제의 왕실고분군으로서 높은 가치를 인정받게 되었다.

고분의 구조는 제1~5호분은 모두 자연산돌로 축조한 돌방무덤이다. 널방 동쪽벽을 따라 널길을 갖추었고, 벽면에는 강회를 발랐다. 제1~4호분은 널방 바닥에 냇자갈을 깔아 널받침을 삼았다. 제5호분은 벽돌로 널받침을 2개 쌓았다. 원형의 제5호분은 널방을 구성하기 위해 구덩이를 파고 자연산돌로 네 벽을 축조했다. 널방은 바닥에서 약 1m 정도는 수직으로 쌓고 나서 그 위부터는 약 25° 정도 안으로 기울여 산돌을 엇물림하여 맞죄어 네 벽을 쌓아 올린 궁륭상천장을 이루었다. 맨 꼭대기에 1매의 커다란 판석을 덮었다.

송산리 벽화고분으로 불리는 제6호분은 이 중 널길과 장방형의 널방으로 되어 있다. 배수구는 약 20m 정도로 벽돌을 쌓아 만들었다. 아치형 천장으로 된 널길과 널방은 오수전(五銖錢)이 새겨진 벽돌로 정연하게 쌓아 올려 만들었다. 널방의 내부는 바닥 중앙의 동쪽에 벽돌로 쌓은 널받침이 설치되었다. 등자리 7개를 설치한 벽에는 청룡·백호·주작·현무의 사신도와 일월도(日月圖)를 그렸다. 벽화를 그릴 부분에만 진흙을 바르고, 위에 호분을 덧칠해서 그렸다. 지금은 많이 박락되고 퇴색되었다.

 벽은 가로쌓기와 세로쌓기를 반복하고, 동서의 양벽을 맞죄어 마감했다. 이때 사용한 벽돌은 위가 넓고 아래가 좁은 대패형이었다. 남북 양벽은 수직으로 쌓았다. 널방 중앙 정면에는 널길이 설치되었는데, 좌우로 맞죔하여 널방과 똑같은 터널형을 이루고 있다.

 송산리 제6호분은 무령왕릉과 함께 현존하는 백제시대의 벽돌무덤이다. 이들 두 무덤 양자 모두 터널형 널방 앞에 짧은 터널형 널길과 함께 긴 배수로를 갖추었다. 그러나 벽돌의 무늬와 축조방법으로 보아 제6호분이 무령왕릉보다 다소 앞선 6세기 초의 무덤으로 보인다. 이러한 터널형 벽돌무덤은 중국 남조의 무덤양식을 받아들였으나, 벽화만큼은 고구려의 영향이 보인다.

공주 무녕왕릉(公州 武寧王陵)

 백제 제25대 무령왕과 왕비의 무덤으로 충청남도 공주시 금성동의 송산리고분군 내에 있다. 웅진시대 백제의 고분들로 이루어진 송산리고분군 중 벽돌무덤인 제6호분과 돌방무덤인 제5호분의 중 뒷면에서 남

무령왕릉 내부

쪽을 향해 자리잡았다.

무령왕릉을 비롯한 이 지역의 고분들은 마치 풍수지리사상의 영향을 받아 점지(占地)된 것처럼 양지(陽地)에 자리했다. 1971년 7월 제5호의 돌방무덤과 제6호 벽돌무덤의 침수방지를 위한 배수로 작업 중 발견되어 발굴조사가 이루어졌다. 무령왕릉의 구조는 경사면의 풍화암반층을 굴착하여 벽돌로 널길과 널방, 배수구를 만들고, 그 위에 분구를 조성한 터널형 벽돌무덤이다. 봉분은 원형으로 지름이 약 20m에 이른다.

널방의 바닥에서 분구 꼭대기 지점까지는 7.7m이다. 널방에 토압이 적게 미치도록 분구의 중심을 널방에서 5.8m가량을 비켜 쌓았다. 봉토는 널방 주위의 풍화암반을 평평하게 깎아낸 뒤 석회를 섞은 흙으로 쌓아 원형을 만들었다.

널방은 장방형의 단실분(單室墳)으로 남북 길이 4.2m, 동서 길이 2.72m, 높이 3.14m이다. 널방 내부는 남쪽의 벽면에서 1.09m를 제외하고 모두 바닥보다 21㎝가 높다. 이는 왕과 왕비용 널받침을 설치하기 위한 것으로 보인다. 네 벽 중 남·북의 벽면은 아래에서 천장부까지 수직으로 올라갔다. 그리고 동·서벽은 벽면의 상부에 이르러 차차 안으로 기울게 쌓아 천정은 아치형을 이루어 전체적으로는 터널형이 되었다.

벽면의 벽돌을 쌓는 방법은 길이모쌓기와 작은모쌓기를 반복하였다. 길이모쌓기는 4개의 벽돌을 뉘여 포갰고, 작은모쌓기는 1개의 벽돌을 세워서 배열하였다. 공적법(空積法)을 사용했으나, 벽돌과 벽돌 사이에 간간이 석회나 진흙이 끼어 있다.

천정을 터널형으로 만들기 위해 남북의 수직벽 최상부에서 좁아진 부분에는 작은모쌓기를 생략하는 방법으로 벽면을 좁혔다. 동서의 벽은 7단·8단에서 작은모쌓기를 하면서 키가 작은 사다리꼴의 벽돌을 사용하거나, 길이모쌓기에서도 벽돌을 3개로 줄였다. 이 중 1개는 횡단면이 사다리꼴로 된 것을 써서 점차 만곡도(彎曲度)를 증강시켜 완성하였다. 천장에서 벽돌의 이음새에는 석회를 발라 견고하게 만들었다.

널방의 벽돌에는 6~8엽의 연꽃무늬와 인동무늬가 시문되었다. 길이모쌓기의 벽돌과 작은모쌓기의 벽돌에 시문된 형태가 다르다. 길이모쌓기의 벽돌에는 망상무늬와 연화무늬를 1개의 벽돌 안에 시문하였지

만, 작은모쌓기의 벽돌에는 연화무늬 반절과 인동무늬를 넣었기 때문
에 2개의 벽돌을 맞대어야 비로소 문양이 완성된다.

널방의 벽면에는 5개의 보주형등감(寶珠形燈龕)이 설치되었다. 북면에
1개, 동ㆍ서면에 각각 2개씩이 있다. 이 등감 안에 백자로 된 등잔을 배
치하였고, 보주형의 윤곽을 따라 화염문이 채색되었다. 그리고 주위에
는 등잔불에 그을린 흔적이 남아있다.

널방의 바닥과 널받침은 벽돌을 이중으로 깔았다. 윗면으로 드러난
벽돌은 삿자리모양으로 배열하였고, 밑부분의 벽돌은 석회를 발라 암
반에 고정시켰다. 널받침은 암반층인 지반 자체를 높게 깎고 벽돌을 깔
았다.

널길은 널방의 남벽 중앙에 설치되었다. 규모는 길이 2.9m, 너비
1.04m, 높이 1.45m로 널방과 같은 터널형이며, 바닥 역시 삿자리모양
으로 벽돌을 깔았다. 널방의 바닥보다 높아 널받침과 동일한 면을 이루
었다. 널길 입구의 좌우에는 높이 3.04m의 벽돌을 수직으로 쌓았다.
널길의 벽돌쌓기 방법은 널방과 동일하지만, 다만 문양이 들어간 8엽연
화무늬의 전돌을 사용하지는 않았다.

배수구는 널방과 널길의 경계부로부터 널길의 가운데 바닥 밑으로 설
치되었다. 남북으로 18.7m에 이르는 배수구의 길이는 벽돌을 쌓아 만
들었다. 벽돌 2매를 이중으로 깐 후 그 양측에 각 1매씩 길이모로 놓고,
그 위에 다시 2매를 올려놓아 공간을 만든 단면 방형의 배수로이다.

널길 입구에서 나온 지석에 무령왕은 523년 5월에 세상을 떠나 525년

8월에, 왕비는 526년 11월에 세상을 떠나 529년 2월에 능에 안치되었다는 기록이 나온다. 즉, 왕과 왕비는 각각 사후 28개월 만에 본릉으로 안장되었다는 내용이다. 아마도 28개월 간은 능 부근에서 빈장(殯葬)의 상태에 머물러 있었을 것이다. 이는 삼국에서 모두 유행한 장의형식이었던 것으로 보인다. 그리고 왕릉은 왕이 죽기 11년 전인 512년에 이미 축조되었음을 알 수 있다. 왕과 왕비 모두 머리를 남쪽에 두었는데, 이는 당시에 유행한 풍수지리사상과 관련이 있을 것으로 추측된다.

출토유물은 모두 108종 2,906점에 이르고 있다. 중요한 것으로는 널길 입구에 쓰러진 동제발과 청자육이호(靑磁六耳壺), 바로 뒤에 놓인 왕과 왕비의 지석(誌石) 2매가 있다. 지석 위에는 오수전(五銖錢) 한 꾸러미가 얹혀 있었다. 지석 뒤에는 석수가 남쪽을 향해 널방 앞을 지키고 있었으며, 널방의 남쪽에서는 동발과 청자사이호 등이 발견되었다. 널방의 널받침 위에는 왕의 나무널이 동쪽에 있었으며, 서쪽에 놓였던 왕비의 나무널은 썩으면서 쓰러져 서로 겹친 상태로 나왔다. 나무널의 판재들 밑에서는 왕과 왕비가 몸에 지녔던 장신구들과 몇 점의 부장유물들이 출토되었다. 왕의 금제관식 1쌍, 금제뒤꽂이 1개, 금귀걸이 1쌍, 은제과대와 요패 1벌, 금동신 1쌍, 단룡둥근고리큰칼과 금은장식손칼 각 1개 등이 출토되었다. 그리고 금제관식 1쌍, 금제귀걸이 2쌍, 금목걸이 2개, 은팔찌 1쌍, 금팔찌 1쌍, 금은장손칼 2개, 금동신 1쌍 등 왕비의 유물도 나왔다.

그 밖에 왕과 왕비의 머리받침과 발받침이 나무널 안에 놓여 있었다.

중요 껴묻거리으로는 청동거울 3개, 금팔찌 1쌍, 은팔찌 3쌍, 청동용기, 은제탁잔(銀製托盞) 등이 있었다.

무덤의 구조와 부장유물들은 중국 남조의 영향이 짙게 풍기고 있다. 이 가운데 상당량은 중국제 수입품으로 보인다. 이 무덤에서 나온 지석은 삼국시대 고분 중에서는 최초로 피장자와 축조연대를 확실히 밝혀주는 자료라는 점에서 사료로서의 가치가 높다. 특히 『삼국사기』의 기사와 일치하기 때문에 중요도를 더하고 있다.

부여 능산리고분군(扶餘 陵山里古墳群)

충청남도 부여군 부여읍 능산리에 있으며, 사적 제14호로 지정되었다. 고분군은 부여읍에서 동쪽으로 논산가도를 따라 3㎞ 정도 거리에 자리했다. 북쪽에 동서로 가로 놓인 해발 121m의 능산리 산의 남사면 산록을 차지한 이들 고분군은 3기씩 앞뒤 2열을 이룬 6기와 또 북쪽 후방 50m 지점의 1기 등 모두 7기로 이루어졌다. 이 고분군은 오래전부터 왕릉으로 전해오고 있다.

이들 고분이 학계에 알려진 것은 1915년의 일이다. 이 해 일본인 구로이타[黑板勝美]가 제2[中下塚]·3[西下塚]호 2기를, 세키노[關野貞]가 제5호[中上塚] 1기를 보고하고 부터다. 그리고 1917년 야스이[谷井濟一]가 제1[東下塚]·4[西上塚]·6[東上塚]호 등 3기를 조사하기에 이른다. 더구나 제1호분에는 사신도 벽화가 나와 더욱 유명하게 되었다.

고분군이 자리한 지역의 지형은 동쪽에 청룡(靑龍), 서쪽에 백호(白虎)

부여 능산리고분군

에 해당되는 능선이 각기 돌출되
었다. 또 앞에는 동에서 서로 흐르
는 하천이 있다. 또 뜰을 건너 남
쪽 전방에는 주작(朱雀)에 해당하
는 안산(案山)이 솟았고, 그 너머
로는 백마강이 보인다. 즉, 풍수지
리적인 입지조건을 갖춘 배산임수
(背山臨水)의 지세인 것이다.

고분의 외형은 원형봉토분으로 밑지름이 20~30m이며 봉토자락에 호
석(護石)을 설치한 것도 있다. 제1호분은 3단 70cm로 쌓았고 제4호분은
산돌 1단만을 세워서 둘렀다.

내부구조는 기본적으로 널길이 붙은 굴식돌방무덤이다. 그리고 뚜껑
돌 이하를 모두 지하에 두었기 때문에 완전한 지하돌덧널무덤이기도
하다. 돌덧널의 구조형식은 축조재료와 천장가구형식에 따라 3가지로
나눌 수 있다.

첫째, 돌덧널의 수직벽 위에 판석을 바로 올려놓은 납작천장식 돌덧
널무덤으로 제1호분이 여기에 속한다.

널방의 사면벽과 천장은 각 면에 거대한 판석 1매씩만을 사용하였으
며, 널길은 전후 두 부분으로 구성되었다. 널방에 가까운 안부분은 널
방과 같이 동서 두 벽과 천장을 판석 1매씩만으로 조립하였고, 바깥부
분은 산돌로 축조하고 벽면에는 두껍게 회를 발랐다.

바닥은 돌을 벽돌모양으로 네모 반듯하게 만들어서 널방의 널받침과 널길의 앞부분에 같은 방식으로 깔았다. 널받침은 조영 당시에는 1인용으로 계획했다가 변경해 2인용으로 확대하고 독립널받침으로 만들었다. 널방 입구는 거대한 판석 1매를 세워서 막고, 널길 입구는 바닥에 사용한 것과 같은 모전석(模塼石)을 쌓아 올려 막았다. 또 널방의 벽면과 천장에는 돌의 표면을 물갈이한 뒤, 그 위에 주·황·청·흑색의 안료를 써서 그림을 그렸다. 동벽에 청룡, 서벽에 백호, 북벽에 현무, 남벽에 주작을 각각 그린 사신도를 배치했고, 천장에는 연화무늬와 흐르는 구름무늬가 있다.

둘째, 제2호분과 같은 형식으로 장대석(長臺石)이 있는 굴식천장돌방무덤이다. 평면은 제1호분과 비슷하나 벽체와 천장축조방식에는 차이가 난다.

재료는 판석 대신 면을 다듬은 장대석이 사용되었다. 천장은 송산리 제6호분이나 무령왕릉과 같이 곡면을 굴처럼 아치로 이루었고, 벽면 전체와 천장에는 두껍게 회를 발랐다. 바닥은 제1호분처럼 모전석을 사용했으나, 제1호분에서와 같은 독립널받침은 아니다. 무령왕릉에서 보이는 것처럼 전면을 널받침으로 만들었다.

그리고 1972년 굴토작업 때 당초의 배수로가 발견되었다. 이 배수로는 널길의 전방에 널방 같은 수준으로 지면의 단면이 'V'자형이 되도록 파고, 그 안에 자갈과 모래를 채운 뒤 모전석을 덮어 만들었다. 이 같은 외부 배수로의 형태는 능산리고분에서는 일반적인 것으로 추정된다.

셋째, 제3호분과 같은 형식인 천장이 꺾임식으로 이루어진 판석조덜 덧널무덤이다. 벽면은 제1호분과 같이 각 벽면을 1매석으로 하고, 벽석 상면에 장대석을 길게 옆으로 반쯤 뉘어 사면(斜面)을 만들었다. 그리고 위에다 판석 1매를 올려놓아 천장을 완성하였다. 그러나 변화없이 납작천장한 널길은 길이도 대단히 짧다. 널받침은 긴 판석 2매를 나란히 놓아 쌍을 이루었다.

이 고분군은 일찍 도굴꾼이 훑고 지나가 껴묻거리는 쏟아져 나오지 않았다. 다만 도굴꾼들이 다 거두지 못한 소량의 유물이 검출되었다. 제5호분에서는 널받침 위에서 두개골 파편, 옻칠[漆]을 한 나무널편·금동투조식금구·금동화형좌금구 등이 출토되었다. 또 제2호분에서는 칠기편 다수와 금동원형머리못 등을 거두었을 뿐이다. 유물출토량은 적고, 그나마 파편에 지나지 않았지만, 그 공예기술만큼은 상당히 뛰어난 것으로 평가되었다.

이들 무덤의 매장법은 널받침의 수와 크기로써 짐작할 수 있다. 제1·2·3호는 합장(合葬)이고, 제5호는 단장(單葬)으로 추정되었다. 모두 북쪽에 시체의 머리를 두고 나무널을 사용한 것으로 보인다.

고분의 축조순서와 계통을 보면 다음과 같다. 먼저 제2호분은 천장구조형식이 굴식이고, 전면의 널받침을 이루어 기본구조가 무령왕릉과 같았다. 다만 전돌 대신 장대석을 사용한 점만이 다를 뿐이다. 이 점은 송산리 방식이 능산리까지 연결된 것으로 추정된다.

다음으로 제1호분은 납작천장이지만, 널길이 두 부분으로 이루어졌다. 그리고 밖으로 갈수록 점점 넓어지는 나팔형이다. 이 같은 형식은 고구려 돌방무덤에서 찾아볼 수 있다. 그러나 꺾임천장과 짧은 널길을 가진 무덤보다 뒤진 것은 아니다.

부여지역에서 마지막 시대는 꺾임천정에 짧은 널길을 한 무덤형식이 주종을 이룬다. 이러한 무덤형식은 백제 최후까지 존속한 형식으로 추정된다. 지금까지 살핀 능산리무덤을 형식상의 순서로 따지면, 굴식천장 돌덧널무덤(제2호분)−납작천장식 돌덧널무덤(제1호분)−꺾임천장식 돌덧널무덤(3·4호분)으로 정리할 수 있다.

연대는 제2호분이 6세기 중엽, 제1호분이 7세기 전후, 제3·4호분은 7세기 이후로 추정된다. 대체로 백제고분을 문화사상과 맞물려 구분하면, 한성시대의 고구려문화 영향기와 공주시대의 중국 남조문화수입기로 말할 수 있다. 이에 비해 부여시대는 외래문화를 점점 백제화한 본격적인 백제문화기로 보아야 할 것이다. 이 점은 능산리 고분문화의 역사적 의미로도 풀이할 수 있다.

나주 대안리고분군(羅州 大安里古墳群)

전라남도 나주시 반남면 대안리에 자리한 백제시대의 고분군으로 사적 제76호로 지정되었다. 반남면에는 자미산(紫微山)을 중심으로 한 2.5km 범위의 구릉에 약 30여 기의 고분들이 분포했는데, 이 가운데 한 무리가 대안리고분군이다.

발굴조사는 일제강점기에 일본인 다니이[谷井濟一]와 아리미쓰[有光

나주 대안리고분군

教一] 손에 이루어졌다. 광복 후에는 최몽룡(崔夢龍)이 모두 3차례에 걸쳐 발굴조사에 나섰다. 대안리고분은 아리미쓰의 실측도에 의하면 12기였으나, 최몽룡의 조사에는 6기만 남아있는 것으로 되어있으며, 나머지는 위치 추정만이 가능하다고 되어있다.

발굴조사가 이루어진 3기 중 제5호분은 대안리 입구의 도로변 오른쪽 구릉에 있다. 1978년에 최몽룡이 실시한 발굴에서 돌방무덤으로 확인되었다. 본래의 형이 봉토분(封土墳)으로 추정되었던 이 무덤은 두께 8㎝ 정도의 판석 21매로 돌방을 갖춘 백제 말기의 납작천장식으로 밝혀졌다. 무덤의 방향은 남북이고, 남쪽으로 널길이 나 있다.

널방의 크기는 길이 218㎝, 너비 100㎝, 높이 103㎝이다. 그리고 널길은 길이 128㎝, 너비 103㎝, 높이 89㎝에 이른다. 바닥에 길이 214㎝, 너비 75㎝, 두께 8㎝의 장방형 판석을 동쪽에 치우치게 깔아놓았다. 널방과 널길 사이에 1장의 문비(門扉)를 세웠고, 널길 입구는 2장의 판석으로 막았다. 널방의 특징은 배수시설 없이 바닥에 가는 모래가 섞인 황색 점토를 깔았다. 또 널방 주위에는 누수방지를 위해 회색 점토를 발라서 배수시설과 같은 효과를 냈다. 긴목항아리 · 바리형토기 · 은장도조각 · 금실 · 철못 · 철고리 · 인골조각 등이 출토되었다.

제8호분은 대안리 입구 왼쪽 구릉에 자리한 제5호분 건너편에 있다. 제9호분과 도랑을 사이에 둔 이 고분은 다니이에 의해 발굴되었다. 봉분형태는 절두방대형분(截頭方臺形墳)으로 크기는 긴 변 10m, 짧은 변 9m, 높이 1.5m이다. 봉토 안에서는 북쪽을 향해 안치한 4개의 옹관이 놓여 있었고, 잔(盞)과 작은옥 등이 출토되었다.

제9호분은 대안리고분군에서 가장 큰 무덤으로 다니이가 발굴했다. 주위에 도랑이 딸린 절두방대형분으로 크기는 긴 변 39m, 짧은 변 31m, 높이 5.1m이다. 모두 9기의 옹관이 나왔다. 이 중 4기는 시신의 방향을 서쪽에 두었고, 또 다른 4기는 북쪽을 향했으며, 1기는 시신의 머리 방향을 알 수가 없었다.

출토유물은 을관(乙棺)에서 마구의 장식금구로 짐작되는 길이 13.9㎝와 15.2㎝의 금동판금구 2점, 흉옥(匈玉) 3점, 관옥(管玉) 1점, 유리소옥 2줄 등이 출토되었다. 또 경관(庚棺)에서 길이 3.3㎝, 너비 1.4㎝의 직호문녹각제도자병(直弧文鹿角製刀子柄) 1개, 구리팔찌 3점, 흉옥 3점, 관옥 14점, 환옥(丸玉) 2점, 구옥(臼玉) 294점, 금환(金環) 등이 출토되었다.

대안리고분은 제5호분을 제외하고는 대부분 독무덤으로 이루어졌다. 봉분형태는 원분·방형분·절두방대형분의 3종류가 있다. 이 고분은 한 봉분 안에 여러 개의 옹관이 시대를 달리해 안치되어 피장자들이 모두 한 가족인 가족묘적인 성격을 띤 것으로 풀이된다. 유물로 보아 피장자는 이 지방의 강력한 토착세력집단이었던 것으로 보인다.

고분의 축조연대는 독무덤을 쓰던 토착집단이 이 지역에서 강력한 세력을 유지한 3세기부터 5세기 말경으로 추정되었다. 그리고 돌덧널무덤은 이보다 늦은 6세기 말에서 7세기 초경으로 짐작하고 있다.

나주 신촌리고분군(羅州 新村里古墳群)

전라남도 나주시 반남면 신촌리에 있는 독무덤군으로, 사적 제77호이다. 자미산(紫微山)의 북쪽을 맞댄 이 일대 구릉상에는 많은 고분이 분포하고 있다. 이 가운데 1917년에 제9호분이, 1938년에 제6·7호분이 각각 조사되었다. 이들 고분은 동일한 봉토 안에 2개의 항아리를 맞붙여 만든 여러 개의 옹관을 합장하고 있다. 옹관은 2, 3개의 큰항아리를 맞붙여 관으로 사용한 것을 말한다.

제6호분은 봉토의 길이 40m, 높이 6m에 이른다. 그런데 북단은 원형 봉토이고, 남단은 방형을 이루어 마치 일본고분에서 보이는 전방후원식(前方後圓式)과 비슷하다. 이 고분에서는 완전한 옹관 2개, 파괴된 옹관이 4개 출토되었다. 관 내부에서는 철겸·철손칼·철촉·청동제반지·유리옥 등이 나왔다.

제9호분은 길이가 33m, 높이가 6m인 방대형분(方臺形墳)으로 총 12개의 옹관이 합장되었다. 껴묻거리로는 둥근고리큰칼·금동

나주 신촌리고분군

관·금동제신발·철손칼 등이 있다. 이들 껴묻거리로 보아 이 독무덤은 5·6세기경에 이루어진 이 지방 호족의 무덤으로 보인다.

이러한 계통의 무덤은 선사시대 묘제에서 계승하여 발전한 것으로 짐작된다.

나주 덕산리고분군(羅州 德山里古墳群)

전라남도 나주시 반남면 덕산리에 자리한 고분군이다. 사적 제78호로 지정되었다. 무덤은 모두 10여 기에 이른다. 1917년에 제4호분이, 1938년에 제2·3·5호분이 각각 조사되었다. 이들 고분은 삼국시대의 독무덤으로서 동일한 봉토 안에 여러 개의 옹관을 합장했다. 이들 옹관은 주로 남북방향으로 매장되었다. 껴묻거리로는 철촉·철손칼·철정·금동장식금구편·은제옥 등이 있다.

그런데 제2호분은 그 봉토의 외형이 동단은 원형이고 서단은 방형이어서 일본고분에 주로 나타나는 전방후원식(前方後圓式)처럼 보인다. 또한 제3호분은 긴지름 24m, 높이 9m인데, 봉토 주위에 도랑을 둘러 일본고분과의 유사성을 보여준다. 이러한 독무덤은 일본고분의 원형으로 여길 수도 있다. 어떻든 이들 무덤의 계통은 광주 신창동유적에서처럼 선사시대 묘제에 뿌리를

나주 덕산리고분군

두고 발전한 묘제의 하나로 볼 수 있을 것이다.

익산 쌍릉(益山 雙陵)

전라북도 익산시 석왕동에 있는 무덤이다. 남북으로 2기의 무덤이 나란히 자리를 잡아 쌍릉이라고 부른다. 사적 제87호로 지정되었다.

무덤구조는 백제 후기 굴식돌방무덤이다. 이들 무덤 가운데 봉분과 돌방의 규모가 큰 북쪽의 것을 대왕묘라 하고, 남쪽의 작은 것을 소왕묘라고 부른다. 크기는 약간 차이가 있으나, 2기 모두 원형의 봉토무덤으로 흙을 높이 쌓아 만든 봉분 이외에 별다른 장식은 없다.

1916년 조사할 당시 무덤은 이미 도굴이 되어 유물이 남아있지 않았다. 다행히 대왕묘 안에서 나무로 만든 관이 일부 발견되어 원래의 모습대로 복원할 수는 있었다. 그 결과 나무관은 바닥면보다 위쪽 면이 약간 넓고, 뚜껑의 윗면이 둥근 모양을 하고 있었던 것으로 밝혀졌다. 또한 관고리에는 8쪽의 꽃잎을 가진 연꽃무늬가 장식되었다는 사실도 확인되었다.

출토유물은 없지만 무덤 안의 구조로 보아 백제 후기에 조성된 것이 틀림없다. 근처 미륵사의 존재로 미루어 이 절을 창건한 것으로 알려진 백제의 무왕과 왕비무덤으로 짐작되기는 하나, 뚜렷한 증거

익산 쌍릉

는 없다.

서울 석촌동고분군(石村洞古墳群)

서울특별시 송파구 석촌동에 위치한 백제 초기의 돌무지무덤으로 사적 제243호로 지정되었다. 서울 동남쪽 잠실대교를 지나 성남시로 가는 큰 길가에 자리를 잡았다. 이 고분군은 이웃의 가락동고분·방이동고분과 함께 초기 백제 연구의 중요한 유적과 유물을 제공하고 있다.

이 고분군은 일제강점기에 일본인들이 나서 극히 간략하게 소개한 뒤 1969년에 문화공보부 문화재연구소의 조사단에 의해 제1·2호분이 발굴조사되었다. 그리고 1974년에는 서울대학교 발굴조사단이 제3·4호분을 조사했다.

제1·2호분은 가락동 제1호분의 서북쪽으로 20m 떨어진 평지에 축조되었다. 주민들의 경작지로 이용하는 바람에 파괴, 교란되어 내부구조와 유물은 정확히 알 수 없다.

제3호분은 송파구 석촌동 61번지에 있다. 원래 기원 전후부터 나타나는 고구려무덤형식인 계단식돌무지무덤이다. 이 무덤은 약간 높은 지형을 평탄하게 정지작업을 하고 밑테두리에는 매우 크고 긴 돌을 두르고 자연석으로 층단을 이루게 3단을 쌓아올렸다.

규모는 옛 고구려지역이었던 만주 통구(通溝)의 장군총에 버금갈 정도로 크다. 동서 길이 49.6m, 남북 길이 43.7m, 높이 4m이다. 따라서 이 무덤은 고구려 사람들이 남쪽으로 내려와 한강유역에 백제를 세웠을 때에 조성된 절대권력자의 무덤으로 보인다.

제5호분은 완전하게 발굴조사되지 않아 묘곽의 구조와 유물에 관해서는 확실히 알 수 없다. 그러나 대개 가락동 제1·2호분과 같은 구조로 추정된다.

석촌동 백제 초기 적석총

조사 중 토층변화로 보면 회가 섞이고 다져진 선이 중심을 향해 내경(內傾)했고, 서쪽 중앙 표토 하 140㎝에 돌이 배치되었다. 이 같은 현상으로 미루어 석촌동 제2호분처럼 2개 이상의 작은 분구들 뒤에 1개의 봉토로 덮은 형태로 가족묘적인 성격을 띠고 있다.

봉토에는 집석(葺石)을 덮었다. 봉분 주변에는 신라고분에서 보이는 호석(護石)과 같은 시설을 갖추었는데, 큰 산돌을 2단으로 쌓았다. 완전한 발굴조사가 아니므로 내부구조는 확실히 알 수 없으나 한 봉토 내에 설치된 다곽식의 움무덤구조를 띠고 있다.

이 고분은 초기 백제시대에 이 지역 지배계층의 가족묘로서 주변에 축조된 돌무지무덤의 피장자보다는 하층의 사람들로 보이며, 독무덤이나 소형돌덧널무덤에 묻힌 사람들보다는 조금 높은 신분계층의 사람들의 분묘로 보아도 무리한 해석은 아닐 것이다.

서울 방이동고분군(芳荑洞古墳群)

서울특별시 송파구 방이동 일대에 자리한 백제 초기의 고분군이다. 사적 제270호로 지정되었다. 1971년에 국립중앙박물관과 문화공보부 문화재연구소가 방이동·가락동·석촌동의 백제 초기 유적을 대상으로 실시한 지표조사에서 8기의 고분이 확인되었다. 그뒤 1975년 잠실지구의 신시가지 건설작업에 따라 각 대학 조사단에 의해 몇 기의 고분 발굴조사가 이루어졌다.

제1호분은 시체를 옆으로 넣어 안치할 수 있게 축조한 굴식돌방무덤이다. 봉분의 크기는 지름 12m, 높이 2.20m이다. 돌덧널은 장축을 남북으로 하였다. 널길은 내부 널방으로 들어갈수록 조금씩 넓어지고, 천장부까지 산돌을 써서 곧게 쌓았다. 규모는 길이 2.30m, 너비 1.06m, 높이 1.10m이다. 뚜껑돌은 장방형의 큰 판석 4매로 덮었다. 널길을 막은 부분은 도굴로 손실되어 확실히 조사할 수 없었다.

널방 네 벽은 4~5단까지는 크기가 일정하지 않은 쪼갠 돌을 바로 세워 쌓았다. 그 윗단부터는 큰 산돌을 어긋나게 조정식(操井式)으로 쌓아 위로 올라갈수록 안쪽으로 굽게 한 뒤 천장에는 큰 뚜껑돌 1장을 얹어놓았다. 돌덧널 벽면을 쌓을 때 돌과 돌 사이에는 진흙을 메우고 벽면에도 진흙을 얇게 발랐다. 널방 크기는 가로 2.46m, 세로 3m, 높이 2.15m이다.

널방 중앙에 마련된 널받침의 크기는 가로 2.40m, 세로 2.10m, 높이 30㎝이다. 널받침를 제외한 전면에 작은 냇돌을 깔았다. 유물은 발견되

서울 방이동 백제고분군

지 않았으나, 1973년 주민이 신고한 토기 3점이 알려져 있다.

제2호분과 제3호분은 발굴이 이루어지지 않아 내부구조는 알 수 없다. 그러나 봉분의 크기는 제2호분이 지름 13.40m, 높이 2.70m, 제3호분은 지름 13.12m, 높이 2.90m이다. 봉분의 서쪽 밑둘레에는 큰 돌로 2~3관의 호석을 돌렸다.

제4호분은 봉분의 지름이 13m, 높이는 2.30m이다. 능선 위에 축조되어 봉분의 북쪽은 남쪽보다 약 2m 정도가 높다. 축조방법은 한 변이 5.50m의 정방형에 가까운 구덩이를 1.70m 깊이로 파고, 30~50㎝ 정도의 산돌로 234㎝×257㎝의 널방의 벽면을 쌓았다.

각 벽의 접합 부분은 돌들이 엇물리도록 쌓았다. 남벽 중앙부에서 약간 서쪽에는 너비 1m, 길이 145㎝, 높이 127㎝의 널길이 마련되었다. 널길 위에는 크고 긴 돌 3개를 옆으로 얹었다. 널방은 궁륭천장이고 높이는 220㎝이다. 천장에는 대형판석 1장을 덮었다.

널방 바닥에는 남북으로 관통하는 배수구를 파고 자갈을 깔았다. 널길 바닥은 널방 바닥보다 20㎝가 높다. 널방의 벽에는 석회를 발랐다. 쇠못을 박은 나무널을 널길을 통해서 널방에 안치하고, 널길 입구를 산돌과 진흙을 섞어 봉했다. 널길 밖에까지 연장되는 배수구는 자갈로 채우고 흙으로 덮었다. 유물은 자연유가 있는 회청색 경질굽다리접시, 굽다리접시 뚜껑, 쇠못, 쇠편과 인골 몇 조각이 수습되었다.

제5호분은 제4호분과 같은 능선상에서 북쪽으로 20m지점에 있다. 이곳은 방이동고분군 중 제일 높은 위치에 자리를 잡아 이 고분군의 중심부가 된다. 봉분은 지름 9m의 원형분이다. 봉토의 높이는 돌덧널의 바닥으로부터 85㎝ 밖에 되지 않아 원봉토가 오랜 세월동안 유실된 것으로 보인다.

구조는 산돌로 축조된 동서 장축 201㎝, 남북 단축 142㎝의 돌덧널이다. 벽의 높이가 35㎝되는 곳에서 장단벽을 약 45°로 줄여 올린 뒤 위에 큰 뚜껑돌을 덮었다. 바닥면은 7~12㎝ 크기의 자갈을 깔았고, 널길은 없었다. 시신의 방향은 머리가 동쪽인 듯하다. 유물은 회색경질의 굽다리접시, 자연유가 있는 회색경질토기병, 용도불명의 석제육면체(요즈음의 주사위 같음) 등이 나왔다.

제6호분은 제4·5호분과 같은 능선상의 남서 140m지점에 있다. 제1·2·3호분과 한 무리를 이루고 있는 표고 40m지대로 방이동고분군 중 제일 낮은 지역이다.

봉분의 크기는 지름 10.6m, 높이 2.1m이다. 널방 중앙에 돌벽을 쌓아 서쪽 주실과 동쪽 부실이 있는 특이한 구조이다. 널방을 쓸 만큼 산허리의 생토층에 광을 파고, 주·부실을 산돌로 쌓아 천장부까지 궁륭식의 돌덧널을 만들었다. 남쪽 벽 중앙부에는 널길이 있었던 흔적만이 보인다. 널방 내부 바닥에는 판석을 깐 뒤 그 위에 자갈과 진흙을 섞어 깔았다. 널방 내부의 중간 벽은 북벽으로부터 널길까지 쌓았다. 중간 벽의 북단에는 큰 돌(16cm×36cm) 크기의 영공(靈孔: 근대의 부부합장묘에서 창을 뚫어 부부의 혼이 소통할 수 있게 한 것과 같음)이 뚫린 특이한 형태를 이루었다. 시신을 널방에 안치하고, 산돌로 널길을 봉쇄한 후 봉토를 덮은 듯하다.

유물은 발굴조사 전에 대부분이 도굴되었으며, 팔뼈 부분 인골 2점이 나왔다. 함께 출토된 굽다리접시는 회청색경질토기로서 표면에 자연유가 시유되었고, 다리에는 직사각형의 투공(透孔)을 뚫었다. 기벽(基壁)에는 3줄의 '凸'대가 수평으로 있었다.

이러한 형식의 굽다리접시는 전형적인 신라토기로서 신라의 북진문제 또는 백제와 신라와의 교역문제 등을 입증하는 좋은 자료로 평가된다. 이 고분군은 1983년 서울특별시의 복원공사가 이루어져 지금의 고분공원으로 조성되었다.

청주 신봉동고분군(淸州 新鳳洞古墳群)

충청북도 청주시 신봉동 어당마을에 위치한 백제시대의 고분군이다. 사적 제319호로 지정되었다. 1982년 3월 충북대학교박물관이 확인한 이 백제고분군은 몇 차례의 발굴조사를 거쳐 널리 알려지게 되었다.

동남쪽으로 무심천(無心川)을 내려다보는 야산 기슭에 수백 기의 움무덤과 수를 알 수 없는 굴식돌방무덤·구덩식돌덧널무덤이 있다. 지난 1982년부터 2003년까지 모두 4차례에 걸쳐 굴식돌방무덤과 움무덤 등 모두 277기가 발굴되었다.

굴식돌방무덤은 남북을 장축으로 하고 있다. 남벽의 동쪽에 너비 83㎝, 길이 80㎝의 널길이 달렸다. 널방의 규모는 동서 352㎝, 남북 348㎝이다. 널방 안에는 서쪽에 치우쳐 남북 길이 250㎝, 동서 너비 90㎝의 석축된 널받침이 있다.

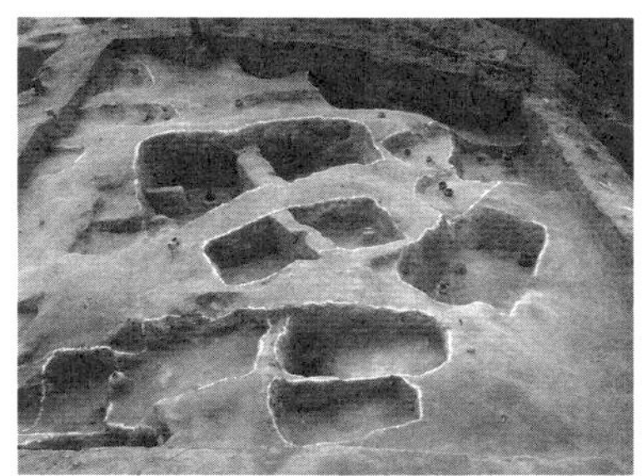
청주 신봉동 백제고분군

천장은 확인되지 않았으나 궁륭모양으로 맨 위에 커다란 뚜껑돌을 얹었던 것으로 짐작된다.

움무덤들은 야산 전체에 걸쳐 밀집 분포되었다. 석비레층을 수직으로 파서 장방형의 무덤구덩이를 만든 것으로 대부분 남북방향으로 긴 형태이다. 크기는 길이 360㎝, 너비 180㎝ 정도이다.

이 중 제1호 움무덤은 특이한 구조를 이루고 있다. 남쪽의 원형부와 북쪽의 장방형부가 연접되어 무덤구덩이를 구성하고 봉토 아래에 산돌을 깔아놓았다. 제8호 토광은 서측벽에 수평으로 홈이 패어 있으며, 제9호 움무덤은 남북 횡으로 반원통형의 홈이 바닥에 있다.

대부분의 움무덤에서는 각종 토기를 비롯한 철제무기류와 마구류가 출토되었다. 각종 형식의 말재갈 10여 개분이 나왔고, 등자·교구 및 쇠창·쇠도끼·쇠낫·쇠화살촉 등이 거의 짝을 이루어 나왔다.

가장 대표적인 제14호 움무덤의 경우는 연질의 커다란 토기와 함께 철제삼엽형둥근고리큰칼·철모·화살촉·쇠도끼·쇠낫·말재갈·목

심철판피륜등자(木心·鐵板被輪鐙子) 등이 출토되었다.

이 고분군은 옛 백제의 변경지역에서 발견된 점과 다른 곳에서 유례를 볼 수 없는 풍부한 마구류·무기류가 출토된 점에서 백제시대 연구에 매우 귀중한 자료로 평가되고 있다.

또한 굴식돌방무덤은 서울지역의 초기 백제시대의 굴식돌방무덤분과 공주지역의 굴식돌방무덤과 비교되고 있다. 굴식돌방무덤은 5세기 후반의 것으로 보이며, 움무덤들은 4세기 중엽 이후부터 5세기 말에 이르기까지 만들어진 것으로 생각된다.

익산 입점리고분군(益山 笠店里古墳群)

전라남도 익산군 입점리 칠목재 구릉 중턱에 자리한 백제무덤들이다. 사적 제347호로 지정되었다.

1986년에 마을의 한 고등학생이 칡을 캐다가 금동제 모자 등이 발견되어 세상에 알려졌다. 이에 따라 긴급발굴이 이루어져 8기의 무덤을 확인하였는데, 1호를 제외하고는 파손이 심하다.

익산 입점리고분

1호 무덤은 널방과 널길을 갖춘 굴식돌방무덤이다. 또한 천장은 네 벽을 맞추어 쌓아 올리면서 마지막 4장을 덮은 궁륭식천장을 이루었다. 출토된 유물로는 토기류,

금동모자와 금귀고리, 유리구슬 등의 장신구류, 말갖춤(마구), 철기들로서 백제 중요 유물이 수습되었다.

유물들로 보아 5세기경 만들어진 무덤으로 보이며, 금동제 관모는 일본에서 나온 것과 비슷하여 당시 백제와 일본간의 문화교류를 짐작할 수 있다.

나주 복암리고분군(羅州 伏岩里古墳群)

복암리고분군은 전남 나주시 다시면(多侍面) 복암리에 위치하며, 현재 4기의 무덤만이 남아있다. 1996~1999년에 걸쳐 국립문화재연구소와 전남대박물관에서 발굴조사를 실시하였다. 보존상태가 양호하지 못한 1·2·4호분의 경우는 정비복원을 위한 기초조사만을 실시하였지만, 3호분은 전면적인 발굴조사가 이루어졌다.

조사 결과 1호분은 직경 18m, 높이 4.5m의 원형의 봉분이었다. 봉분의 주위에는 도랑을 팠던 자리가 확인되었고, 도랑의 내부에서 각종 토기들이 출토되었다. 판석을 이용해 만든 굴식돌방무덤으로 축조되었다. 규모는 길이가 2.53m이고, 너비 1.4m, 높이는 1.2m이다. 부장유물은 대부분 도굴되었으나, 시신의 머리를 고정했던 돌베게와 토기 일부가 남아있었다.

2호분은 상당부분이 훼손되어 정확한 현황은 파악하기 힘들지만, 단면 사다리꼴 형태의 분구를 가지고 있었던 것으로 추정되었다. 그리고 봉분의 주변에서 원통형토기와 함께 소뼈와 말뼈 등이 수습되었다. 4호

나주 복암리고분군

분은 방형의 봉분을 가진 무덤으로 남북의 길이가 31.5m, 동서의 너비가 23m이며, 높이는 3.15m로 계측되었다. 봉분의 정상부에는 토기편과 돌방무덤의 자재로 사용되었던 석재들이 발견되었으나, 훼손이 심해 정확한 형태는 알 수 없다.

복암리무덤 중 가장 세인의 주목을 끈 무덤은 3호분이다. 정사각형의 대지형 봉분을 이룬 이 무덤의 규모는 중앙부분을 기준으로 동서 길이가 36m, 남북의 길이는 37m이다. 하나의 봉분 속에 독널무덤이 22기, 구덩식돌덧널무덤이 3기, 굴식돌방무덤이 11기, 앞트기식돌덧널무덤이 2기, 돌덧널독무덤이 1기 등 모두 41기가 들어앉았다. 영산강유역에 나타나는 모든 유형의 무덤이 한 곳에서 집중적으로 발견되었다.

출토유물로는 금동신발, 은제관장식, 장식대도 등 그 종류가 다양하고 수준급의 유물들이 대거 매장되어 당시의 문화상 복원에 중요한 자료를 제공해 주고 있다. 특히 다양한 형태의 무덤 양상은 당시 영산강유역에서의 백제 중앙세력의 성장 및 전개과정을 이해하는데 결정적인 자료로 떠올랐다.

부여 능안골고분군(扶餘 陵안골古墳群)

 충청남도 부여군 부여읍 능산리고분군에서 동쪽으로 2km 정도 떨어진 지점에 위치했다. 백제시대의 고분군으로서 사적 제420호로 지정되었다. 주변에는 청마산성(사적 제34호)과 나성(사적 제58호), 염창리고분군 등 역사적인 유적들이 밀집되어 있다.

 이 유적은 1994년 12월 부여공설운동장 건립을 위한 도로공사 중 백제고분이 노출되어 발굴조사가 이루어졌다. 1995~1996년간 국립부여문화재연구소의 2차에 걸친 발굴조사에서 6~7세기 백제 귀족계층의 고분 60여 기를 찾아냈다. 금귀걸이 등 각종 유물이 출토되어 백제사 연구에 획기적인 자료를 제공하는 유적으로 평가받은 바 있다.

 이곳의 고분은 굴식돌방무덤 30여 기, 돌덧널무덤 20여 기, 독무덤 4기 등과 단장묘나 합장묘 뿐만 아니라 어린아이 무덤 등 다양한 형식의 고분이 밀집되었다. 출토유물로는 금귀걸이, 금동귀걸이, 은제관장식과 요대장식, 철제관고리와 관정 등이 있다. 이와 더불어 성인 남녀와 어린이의 뼈 및 주, 사, 겸, 라 등 옷감이 출토되어 백제 후기의 묘제형식과 당시의 직물 등 백제사 연구에 중요한 자료를 제공해주고 있다.

부여 능안골고분군

연천 삼곶리(漣川 三串里) 돌무지무덤

경기도 연천군 중면 삼곶리 임진강변에 있다. 백제 초기의 돌무지무덤으로 경기도 기념물 제146호로 지정되었다. 1992년에서 1993년까지 3차에 걸쳐 문화재연구소가 학술목적으로 발굴조사하였다.

백제지역에서 조사된 돌무지무덤 중에서 원형이 가장 잘 보존되고 형태와 기본구조가 뚜렷이 밝혀진 유일한 것으로 백제 초기 돌무지무덤의 전형이라고 할 수 있다.

무덤은 동에서 서로 흐르는 임진강의 북안에 넓게 펼쳐진 충적대지상의 구릉 위에 조성되었다. 주위를 일목요연하게 살필 수 있는 입지적인 특성을 지녔다.

무덤의 전체구조는 동·서 2개의 무덤을 연접시켜 쌍분을 이루었다. 쌍분의 동분과 서분 각각은 구릉 위에 조성되었다. 무덤은 계단식의 돌무지, 돌무지 북쪽에 딸린 부석시설, 구릉의 남쪽 경사면을 따라 설치된 무덤보호시설로 이루어져 있다.

연천 삼곶리 돌무지무덤

구릉의 크기는 전장 약 38m, 최대 폭 47m, 높이 7.5m이다. 적석부의 크기는 동서 장축 28m, 남북 단축 11m, 잔존 높이 1.3m 정도로 밝혀졌다. 또 묘곽의 크기는 동서 각각 2.6m×1.4m×1.1m이다.

무덤은 구릉의 윗부분을 깎아 편

평하게 만든 다음 위에 길이 50~60㎝ 정도의 큰 강돌을 깔아서 무덤 기초부를 축조하고 위에 2~3단 정도의 사다리꼴의 계단식 돌무지를 쌓았다.

돌무지의 중앙에는 장방형의 묘곽 2개가 '目'자 모양으로 돌무지의 장축방향과 일치되게 배치되어 있다. 묘곽의 축조는 막쌓기 수법으로 가로쌓기와 세로쌓기를 병행했다. 그러나 간혹 묘곽의 벽을 따라 돌을 세워놓기도 하였다.

부석시설은 편평한 강돌을 한두 겹 깔아서 조성하였다. 이것은 의례를 행하기 위한 제단시설로 추정되나, 그 성격은 앞으로 새로운 자료의 축적이 있어야 분명해지리라 생각된다.

무덤 보호시설은 구릉의 남쪽 경사면을 따라 강돌을 한두 겹 정도 깔아서 마련하였다. 이는 수해를 입었을 때 무덤이 침해되는 것을 방지하기 위한 시설이다.

공주 신관동고분군(公州 新官洞古墳群)

충청남도 공주시 신관동에 위치한 백제시대의 고분이다. 충청남도 기념물 제7호로 지정되었다. 구릉상에 위치한 이들 고분은 '시목동(枾木洞)고분'이라고도 불린다. 제1호분과 제2호분으로 이루어져 있다. 제1호분은 돌무지무덤으로 천장형식은 맞배식이다. 천장과 벽면은 거대한 판석을 써서 만들었고, 널방 남벽에 부설한 널길은 납작천장형식이다.

널방의 크기는 남북 길이 2.73m, 동서 너비 1.25m에 이른다. 바닥에

공주 신관리석실고분

서 천장의 첨정(尖頂)까지의 높이는 1.5m이다. 제2호분도 역시 제1호분과 같은 재료와 형식으로 축조한 굴식돌방무덤이다. 널방의 길이 2.7m, 너비 1.2m, 높이 1.33m이다.

이들 무덤의 조성연대는 5세기 후반경으로 추정된다. 이 맞배식 널방은 백제지역에서 유일한 것이며, 부여의 꺾임천장양식의 선행형식으로 존재한다. 평양지방의 고산리 제9호분의 측실의 천장형식이 이와 비슷하다. 그리고 중국의 후한대(後漢代) 돌덧널무덤 중에 이와 같은 형식의 천장이 더러 보인다. 이러한 이유로 이 무덤은 고구려와 후한대의 영향을 받아 축조되었다고 여겨진다.

부여 태양리 백제고분(扶餘 太陽里 百濟古墳)

충청남도 부여군 구룡면 태양리에 있는 백제시대의 돌방무덤이다. 충청남도 기념물 제45호로 지정되었다. 부여~대천간 국도변의 속칭 '동막정 삼거리' 부근에 있는 유적이다.

무덤의 남쪽 약 800m 지점에 백제의 테뫼식산성인 논치산성(論峙山城)이 있고, 동북으로 2km 떨어진 구봉리에도 또 다른 테뫼식의 백제산성이 자리했다. 인근의 알력마을에는 백제 때의 폐고분이 여러 개 분포한 것으로 알려졌다. 고분의 북서쪽으로 낮은 야산이 잇달아 연이어져 있고, 남쪽은 탁 트인 평야지대이다. 이 평탄지형은 부여 백마강변 농경지와 연결되었다.

고분은 낮은 구릉의 남쪽 경사면에 노후한 자연암반층을 파내고 무덤구덩이 안에 고분의 뚜껑돌까지 완전히 묻히도록 한 굴식돌방무덤이다. 중심 장축(長軸)은 남북 자오선상에서 약 3° 가량 서쪽으로 기울어져 있다.

널방의 규모는 내부 바닥을 기준으로 남북 길이 2.22m, 동서 너비 1.19m, 높이 1.09~1.19m의 규모이다. 벽면은 화강암의 자연판석을 규모에 맞춰 잘라 안쪽과 접촉면을 다듬어서 만들었다. 북벽은 1장, 동벽은 2장, 서벽은 3장을 써서 축조하였다.

천장은 판석을 사용해 고분의 횡단면이 6각형을 이루도록 맞추었다. 동서 벽면의 윗부분을 안으로 꺾은 이른바 꺾임천장식, 혹은 귀접이식이다. 4장의 뚜껑돌로 덮었다.

바닥은 크기가 일정하지 않은 납작한 잡돌을 정교하게 귀를 맞추어 깔았다. 이 바닥돌의 아래층은 두께 10~15㎝ 가량의 모래층이다. 특별한 배수시설이 없어도 자연배수가 이루어지도록 한 것이다.

널방 입구 양쪽에는 돌기둥형태의 판석을 세우고, 너비가 다른 2

부여 태양리 백제석실고분

장의 판석을 세워 막았다. 입구 아래에는 문하방석(門下方石)을 끼웠다.

남벽면 중앙에 설치된 널길의 길이는 약 70㎝ 가량이다. 뚜껑돌로는 자연판석 1장을 이용하였다. 입구는 잡석과 흙으로 채워 이중으로 폐쇄하였다. 유물은 훼손되지 않은 완전한 고분임에도 불구하고, 나무널에 박았던 쇠못 몇 점만이 널방 바닥에서 수습되었을 뿐이다.

이 고분은 백제 후기에 조영되었다. 같은 형태의 묘제는 부여를 중심으로 한 충청남도와 전라북도 일원에서 가장 많이 발견되고 있다. 무덤에서 껴묻거리가 전혀 발견되지 않은 것은 중국의 박장제(薄葬制)의 영향이나, 장법상(葬法上) 복장제(復葬制)에 기인한 것으로 추정된다.

부여 지선리고분군(扶餘 芝仙里古墳群)

충청남도 부여군의 외곽지역인 외산면 지선리에 위치했다. 백제시대의 무덤군으로 충청남도 기념물 제87호로 지정되었다.

조사된 무덤은 총 15기인데, 무덤의 형태는 앞트기식돌방무덤이 대부분이며, 이보다 큰 무덤방을 가진 굴식돌방무덤도 2기가 있다. 거의 대부분이 자연상태의 깬돌을 이용하여 축조하였고, 그 규모는 비교적 작다. 세발토기, 아가리가 곧추선 목항아리, 병, 손잡이가 달린 토기와 관에 쓴 못이 출토되었다.

부여 지선리고분군

이들을 근거로 무덤이 6세기 후반에서 7세기 초인 사비시대(泗沘時代, 538~660)에 축조된 것으로 여겨진다.

이 무덤들의 전체 규모 및 각 무덤의 개별 규모가 작고, 입지한 곳이 산간이라는 점으로 미루어 대체로 지방 유지세력의 묘역으로 생각된다.

논산 표정리고분군(論山 表井里古墳群)

충청남도 논산시 연산면 표정리에 있는 백제시대의 고분군이다. 1945 년 광복 이후 도굴되기 시작해 현재는 거의 대부분이 파괴되었다. 1979 년 충남대학교박물관에서 13기를 발굴조사하였다.

연산은 삼국시대 이래 황산군(黃山郡)이라 불리던 지역으로 신라·백 제의 황산벌전투가 벌어졌던 지역으로 알려져 있다. 주변에는 관동리 산성(官洞里山城: 黃山城)과 신흥리산성(新興里山城)이 있다. 그래서 이 일대는 백제시대 이래 요지였음을 알 수 있다.

고분의 구조는 자연석으로 쌓은 소규모의 장방형 돌방무덤으로, 장축 방향은 구릉의 방향에 맞췄다. 네 벽면은 30~40㎝ 내외의 자연석을 한 겹으로 올려 쌓았다. 입구에 해당하는 단벽의 모양은 다른 세 벽과는 달리 더 많은 돌을 사용했으나, 내면이 고르지 못하다. 이는 고분의 형 식이 앞트기식돌방무덤이기 때문에 생긴 것으로 보인다.

뚜껑돌로 구들장돌을 4, 5매 얹었다. 돌방 바닥은 중간부분이 10~20 ㎝ 크기의 잔돌을 한 겹으로 깔고 다져 바닥에서 10㎝ 정도를 높였다. 그 밖의 부분은 흙이 바닥에 그대로 남아 널받침이나 주검받침 시설처럼 보인다. 껴묻거리는 후장(厚葬)되었을 것으로 추정되나, 대부분 도굴되어 제자리를 알 수 없다.

논산 표정리고분

토기는 다른 지방보다 종류가 다양하고 많다. 그래서 계통·성격·분포 등을 연구하는데 따른 좋은 자료가 되고 있다. 약술하면 다음과 같다.

① 굽다리접시 : 3점 뿐인데 굽다리 밑변이 나팔형으로 확대되었고, 소원공(小圓孔)의 굽구멍이 2~4개 뚫렸다.

② 병형토기 : 이 토기가 한반도 안에서 발견된 예는 나주 대안리에서 출토된 1점과 이 유적에서 출토된 4점이 전부다. 가로손잡이단지·흑색사발형토기 등 시대가 내려가는 토기들과 함께 나오고 있다.

③ 굽다리단지 : 짧고 곧은 아가리를 가진 둥근 모양의 둥근 밑단지 아래에 원추형의 낮은 굽다리가 달렸고, 삼각형의 굽구멍이 있다. 낙동강유역의 것들과 기본적으로 같은 형에 속한다. 백제지역에서는 공주 봉안리, 서울 석촌동에서 발견한 예가 있다.

④ 그릇받침 : 굽다리접시형 그릇받침에 속한다. 삼각형 굽구멍이 있는 것과 윗부분에 원형 굽구멍을 함께 만든 것 등 두 종류가 있다. 6, 7점이 발견되었다.

⑤ 세발토기와 뚜껑접시 : 모두 뚜껑식으로서 가장 많은 수량을 차지

하고 있다. 접시 몸체에 둥글고 능각(稜角)이 없는 것과 평평하고 능각이 있는 것 등 두 종류가 있다. 뚜껑접시와 세발토기는 같은 용도로 사용되었다. 이들 토기의 기원은 뚜껑접시에 세 발을 붙이는 형태로 변형되어 발전한 것으로 볼 수 있다.

장법(葬法)은 낮고 성근 널받침과 관못·관고리 등의 철제품 출토로 미루어 나무널을 사용한 눕혀펴묻기임을 알 수 있다.

이 고분의 연대는 굽다리접시·굽다리·세발토기·뚜껑접시 등 토기 형식 변천을 신라·가야토기 등과 비교하여 대체로 5세기 후반에서 6세기 초로 추정하고 있다.

논산 육곡리고분군(論山 六谷里古墳群)

충청남도 논산시 가야곡면 육곡리에 자리한 소규모의 백제시대의 굴식돌방무덤이다. 얼마 전까지도 여슬마을 뒷산의 남쪽 사면에는 수십 기의 백제시대 고분이 있었다고 하나 최근의 개간과 석재 채취로 거의 파괴되어 없어졌다. 이 고분은 지하에 묻혀 있었기 때문에 1973년 사방공사에서 모습이 드러났으나, 구조의 일부는 파괴되었다.

고분의 장축은 남북 정방향이다. 장방형의 소규모 돌방무덤인데, 남쪽에 짧은 널길이 부설되었다. 벽체와 천장은 산에서 채취한 자연석을 사용하였다. 벽체의 아랫면은 크기 40㎝×50㎝ 정도의 돌로 1단을 놓고, 그 위에 조금 작은 돌을 올려 쌓았고, 천장은 판상석 5매를 이어서 만들었다. 벽체의 중간쯤에서 안으로 경사지게 천장면을 좁힌 뒤 위에 천장석을 놓은 꺾임천장식이다.

이 형식의 천장은 부여지방에서 크게 유행하였다. 그러나 이 지역에서는 판상석 대신에 자연석을 사용한 점이 부여지방과 다르다.

널길은 남벽 중앙에 부설되어 길이가 61㎝로 아주 짧다. 널길의 벽석은 돌방과는 달리 판상석을 써서 동·서벽에 각 1매씩만을 수직으로 직립시켰다.

뚜껑돌은 1매의 판상석을 덮어 납작천장을 만들었다. 무덤은 돌방의 재료형태만 다를 뿐 부여지방 판석조 꺾임천장식 돌방무덤의 형식을 충실히 따르고 있다. 바닥은 생토 위에 주먹만한 자갈돌을 두께 15㎝되게 깔고 다졌다. 널받침이나 주검받침 같은 시설은 보이지 않는다.

출토유물은 모두 13점이다. 그러나 발견 당시 이미 교란되어 유물의 배치상황이나 상태는 알 수 없다. 유물은 토기류와 널장식류의 두 종류로 나누어진다. 항아리 1점, 소병 1점, 작은 단지 1점, 뚜껑접시 9점, 철제 관고리와 철제 관못 등이 있다.

이 중 주목되는 것이 소병과 뚜껑접시이다. 이 같은 토기류는 연산면 지역과 남쪽의 담양군 제월리 백제고분에서도 나온 적이 있다. 소병은 뚜껑접시와 대체로 짝을 이뤄 나오는 백제 특유의 그릇 형태이다. 크기는 높이 16.2㎝, 입 지름 8.4㎝, 목 높이 2㎝에 이른다. 뚜껑접시는 몸체가 납작한 것과 불룩한 것의 두 종류가 있다. 뚜껑받이 부분은 대체로 각을 이루었다.

이러한 토기는 연산지역에서 많이 출토되었다. 뚜껑접시와 소병이 짝을 이뤄 나오는 점은 이 토기들이 식기 또는 제기인지는 분명치 않지만, 용도상 한 세트였던 것으로 짐작된다.

논산 육곡리고분

관못이나 관고리의 출토로 보아 나무널을 사용했음에 틀림이 없는데, 이 점도 부여지방에서 주류를 이룬 묘제인 판석조 꺾임천장식 돌방무덤과 같다. 단지 토기들이 13점으로 많이 부장된 것은 큰 차이라고 할 수 있다.

부여지방 고분에서는 왕릉 이외의 판석조 돌방무덤에서는 토기가 전혀 부장되지 않았다. 그러나 산돌이나 괴석으로 축조된 굴식돌방무덤이나, 구덩식돌덧널무덤에서는 토기가 부장되었다. 육곡리의 돌방무덤은 형식상 판석조 꺾임천장식을 따르고 있지만, 재료가 괴석인 점이 다르다. 이 점이 앞의 토기를 부장한 고분형식과 공통점을 지닌 것이지만, 수도를 벗어난 지방에서는 여전히 구식을 고집한 것으로 추측할 뿐이다.

이 고분의 연대는 꺾임천장식이라는 구조와 뚜껑접시 등의 토기에서 근거를 찾을 수 있다. 부여와 연산의 자료를 빌려 두 가지 모두 6세기 이후로 추측된다.

부여 능안골고분군(扶餘 陵안골古墳群)

충청남도 부여군 능산리에 위치
한 백제시대의 고분군이다. 1994
년과 1995년에 발굴조사가 이루어
져 모두 58기의 백제 말기(7세기
경) 돌무덤이 발견되었다.

무덤은 판석을 써서 잘 축조한
굴식돌방무덤과 돌을 다듬어 맞춰

부여 능안골고분군

만든 돌널무덤, 그리고 독무덤 등 세가지 형태로 구성되어 있다. 판석
조의 굴식돌방무덤은 대부분 정교하게 물갈이한 판석을 사용하여 육각
형으로 쌓았고, 바닥 역시 소형의 판석을 맞추어 깔은 예가 많다.

이 지역의 고분들은 다른 고분보다 땅을 깊이 파고 내부에 돌덧널을
만든 것이 특징이다. 은제관장식이 출토된 것으로 미루어 백제시대의
귀족들의 집단분묘로 추정되고 있다.

정읍 은선리고분군(井邑 隱仙里古墳群)

전라북도 정읍시 영원면 은선리에 있다. 삼국시대의 고분군으로 전라
북도 기념물 제57호로 지정되었다. 고분군은 천태산(天台山) 남서면 기
슭에 위치해 있다. 모두 백제계 굴식돌방무덤으로 고적자료(古蹟資料)
에는 8기가 존재하는 것으로 보고되었으나, 1973년 전주시립박물관에
서 파괴된 무덤 17기를 확인하고 그 중 10기를 조사하였다.

산돌을 이용한 돌방은 벽면 위쪽을 안으로 기울여 천장 폭을 좁혔고, 동쪽에 널길이 달려 있다. 판석을 사용한 돌방은 위쪽 천장면석 사이에 안기울임 시킨 장대석을 끼워 단면이 6각형을 이루며, 앞면 중앙에 짧은 널길을 설치해 부여 능산리고분과 같은 형식을 보인다.

그런데 아래쪽 벽면은 면석을 세우고 윗면은 쪼갠돌이나 장대석을 안기울임을 시켜 과도기적인 형태가 나타나고 있어 백제시대 돌방무덤의 변천을 엿볼 수 있다. 이를 형식별로 구분하면 다음과 같다.

① 제1유형 : 안쪽에 다듬은 판석을 맞추어 세워 장방형 돌방을 짜고 양측 벽면 위쪽에는 안기울임 시킨 장대석을 끼워 천장 폭을 좁혔다. 그 다음에는 천장석을 얹어 단면 6각형으로 널방을 축조하였다. 뒷벽은 1장의 판석을 단면에 맞추어 수직으로 세우고, 앞면 양귀에는 귓기둥을 세워 널방 폭을 좁혔다. 널방 입구에는 판석으로 된 막음돌을 세우고, 널길은 중앙에 짧게 설치해 뚜껑돌을 얹었다.

② 제2유형 : 쪼갠돌로 네 벽면을 쌓고 동편한 널길을 설치하였다. 널방 벽면 위쪽은 차차 안기울임을 시켜 천장 너비를 좁히고, 뚜껑돌을 얹었다. 바닥에는 얇게 쪼갠돌을 깔았다. 널방 천장 높이는 다른 돌방에 비해 높다. 동편한 널길은 역시 쪼갠돌이나 냇돌을 쌓고 뚜껑돌을 덮었으며 입구는 냇돌로 막았다. 이러한 유형은 'E호분' 단 1기뿐이다.

③ 제3유형 : 제2유형에서 제1유형으로 바뀌어가는 과도적인 형식이다. 장방형 돌방에 동편 입구에 널길을 갖춘 형식은 제2유형과 다를 바 없다. 그러나 아래쪽 벽면은 넓은 판석을 수직으로 세우고 그 위에 안

쪽을 다듬은 장대석을 쌓아올렸
다. 그리고 위로 가면서 차차 작
아지거나, 혹은 꺾든가 둥글게 안
기울임 시켜 그 위에 천장석을 얹
었다. 다만 앞뒷벽을 수직으로 세
웠거나, 안기울임 시킨 차이가 있
을 뿐이다. 이 역시 과도적인 형
식이다.

정읍 은선리고분군

제1유형의 대표적인 것은 'A호분'으로서 가장 남쪽에 자리한다. 돌방
은 장축이 서남방향이다. 널방의 바닥은 길이 2.24m, 너비 1.00m이고,
천장 높이는 1.19m로서 석재는 화강암이다. 널길은 길이 38㎝, 높이 80
㎝, 두께 22㎝의 판석을 양편에 세우고 뚜껑돌을 덮었다.

유일한 제2유형인 E호분은 장축이 남서방향이다. 잡석으로 벽면을 쌓
고, 3장의 넓은 뚜껑돌을 가로 맞추어 덮었다. 널방 바닥은 길이
2.44m, 너비 1.70m이다. 천장 높이는 1.66m로서 길이에 비해 너비·
높이가 큰 편이다. 널길은 동쪽벽이 널방 벽과 일직선인 동편 널길이
다. 바닥 너비는 0.75m이나, 동벽도 안기울임해 윗면은 0.65m로 줄었
다. 길이 1.24m, 높이 0.85m의 널방 위에 2장의 뚜껑돌을 덮고 바깥
입구는 냇돌로 막았다.

제3유형은 판석과 잡석을 혼용한 돌방으로 대표적인 것은 'N호분'
뿐이다. 서남방향에 동편한 널길이 있는 돌덧널로, 널방은 길이

2.73m, 너비 1.90m, 천장 높이 1.63m이다. 네 벽은 0.95m 높이부터 안으로 꺾였다. 그래서 천장은 길이 1.92m, 너비 1.10m로 줄었다. 앞면은 너비 1.0m, 높이 0.8m의 판석으로 서쪽을 막고 동쪽에 0.9m 너비의 입구를 남겼다. 널길은 길이 1.35m, 높이 0.8m이다.

제3유형은 공주지방의 제2유형이나 남원 초촌리 제1유형과 구조·석재·수법 등이 비슷해 축조연대가 6세기 전반기에 해당한다. 제1유형은 부여 능산리 중상총(中上塚)·서하총(西下塚) 등과 같은 백제 말기형식이므로 연대가 7세기 전반기로 보인다.

은선리의 고분은 공주시대에서 부여시대 말기에 걸친 약 100년 동안의 묘역이었다. 이에 선행하는 백제고분으로는 은선리 북방의 운학리와 은선리 지사(知士)마을의 구덩식돌방무덤이 있다. 그래서 이 지역은 공주시대 이전부터 백제의 중요한 요충지임을 알 수 있다.

정읍 운학리고분군(井邑 雲鶴里古墳群)

전라북도 정읍시 영원면 운학리에 있는 삼국시대의 고분군으로 1981년 전라북도 기념물 제58호로 지정되었다. 은선리고분군이 자리한 탑립마을 서북방의 면사무소에 이르는 소로변 구릉상, 즉 천태산(天台山)의 서쪽 구릉지대에 위치한 3기의 봉분이 바로 운학리고분군이다. 1971년 여름에 전주시립박물관의 예비조사 결과 도굴사실을 확인하고, 이해 11월 파괴고분의 정리조사를 실시하였다.

이 고분은 은선리의 굴식돌방과는 달리 봉분상에 널길이 없이 돌덧널을 설치한 구덩식이다. 3기 중 가장 남쪽에 있는 A호분은 지상 높이 2.67m, 밑변 지름 14.6m로 정상부의 지면 밑 22㎝ 지점에서 돌덧널 바닥이 드러났다. 돌덧널은 동서 장축의 장방형인데, 약간의 벽석만이 원위치에 남아 바닥의 규모만 알 수 있었다. 바닥은 길이 1.7m, 너비 95㎝이며, 바닥에서 백토를 다져놓은 흔적이 드러났다.

B호분은 A호분에서 서북으로 25m 거리에 위치한다. 봉분의 높이는 2.0m, 지름 13.5m이다. 돌덧널은 흔적조차 남아있지 않았다.

C호분은 B호분의 서북쪽 38m 떨어진 곳에 있다. 봉분의 현재 높이는 2.0m, 지름은 13.7m에 불과하다. 돌덧널의 규모는 길이 2.90m, 너비 1.37m로서 크기가 고르지 않은 잡석으로 4벽을 쌓았는데, 높이는 알 수 없다. 돌덧널은 정남북을 장축으로 해 바닥에 황색 회토를 다지고 손바닥만한 납작돌을 깔았다.

꺼묻거리는 거의 도굴되었으나 ① 철투겁창 1점 ② 파쇄된 용문투조띠꾸미개 2점분 ③ 금도은장띠고리 1점 ④ 철제행엽형띠고리 파편 1점 ⑤ 금도은장식구 1점 ⑥ 은제칼집끝장식 1점 ⑦ 철제손칼 파편 1점 ⑧ 철제꺾쇠 1점, 기타 철제관못 등과 함께 약간의 경질토기파편이 나왔다.

이 중 ② · ③ · ④ · ⑤는 허리띠의 부품인데, 특히 중요한 것은 용문투조띠꾸미개이다. 이들 유물은 길이 5㎝, 너비 3.5㎝의 철판에 은을 입힌 다음 심히 추상화된 용무늬를 투조하고, 위에 도금을 한 것이다. 네 귀와 중앙 상하의 6개소에 구멍을 뚫고 작은 못을 박았다. 뒷면에는

베조각이 붙어 포지(布地)로 된 과
대의 좌우에 장식한 것임을 알 수
있다. 이러한 철지은장금도(鐵地
銀張金塗)수법은 경상북도 경주 황
오리 돌무지무덤 출토유물에서도
그 예를 찾을 수 있다.

정읍 운학리고분군

　허리띠의 띠꾸미개는 중국 동진
계 문물의 유입으로 발생한 것이며, 고구려·신라에서는 이렇듯 옆으
로 긴 용문띠꾸미개의 발견 예가 없다. 따라서 이 형식은 운학리 출토
품이 최초이자 유일한 예이다. 이 띠꾸미개와 크기·형식·수법 등이
가장 유사한 것은 일본 나라[奈良] '네코즈카고분[猫塚古墳]'과 대판(大
阪) 사카이시(市)의 '시치간고분[七觀古墳]'에서 발견된 일이 있다.

　중국 진대(晋代)의 띠꾸미개는 장쑤성[江蘇省] 이싱현[宜興縣] 주처묘
(周處墓)와 광둥성[廣東省] 대도산묘(大刀山墓) 등에서 나왔는데, 상당히
구상화된 것이다. 운학리나 일본 출토품은 이와 같은 중국계 띠꾸미개
의 용문을 당초무늬처럼 추상화시킨 후행양식이다. 이와 같은 변이과
정이 백제지역에서 이루어져 일본 긴키지방[近畿地方]으로 전파되었을
것으로 보인다.

　④의 철제행엽형띠고리편을 복원하면 행엽 둘레에 8개의 못을 박은
것이 확인되는데, 한쪽에는 띠고리를 부착시키고 이 못을 포지에 고착
시킨 허리띠 끝장식이다. 경주 천마총에서 이 같은 형식의 완전한 유물

이 나와 이 유적 출토품을 얼마만큼 짐작할 수 있게 되었다.

　이상과 같은 출토유물로 미루어 이 고분의 연대는 5세기 전반경으로 추측된다. 아울러 동진→백제→일본이라는 동아시아 문물전파과정을 살피는데 중요한 자료가 된다. 또한 일본의 구덩식돌덧널 유적인 다카쓰카고분[高塚古墳]의 원류가 백제지역이었음을 추정하게 하는 증거가 될 수도 있다.

정읍 지사리고분군(井邑 知士里古墳群)

　전라북도 정읍시 영원면 은선리에 있다. 백제시대의 고분군으로 전라북도 기념물 제59호로 지정되었다. 은선리 지사마을 남방 금사동산성(金寺洞山城) 서쪽 봉우리에서 서쪽방향의 낮은 구릉을 절개한 고부(古阜)-영원(永元)간 도로 서편 대지상에 있다.

　도로변으로부터 남북 일렬로 4기와 더불어 그 서북방에 가장 거대한 1기가 자리했다. 도로의 개설과 확장공사로 가장 남쪽의 고분은 파괴되었으며, 나머지의 고분도 모두 도굴된 상태였다.

　고분의 구조는 백제시대 전기인 4세기 말에서 5세기 전반의 구덩식돌방무덤 유형에 속한다. 봉분의 직경은 15~27m이며, 현재의 높이는 1.7~3.6m이다. 본래의 높

정읍 지사리고분군

이는 3~6m정도였던 것으로 추정된다. 구덩이식으로는 거대한 봉분이
다.

익산 웅포리고분군(益山 熊浦里古墳群)

전라북도 익산시 웅포면 웅포리에 있는 삼국시대의 고분군이다. 고분
은 금강 남안인 웅포면 소재지의 동편 약 1.5km 떨어진 함라산의 서쪽
능선상 높이 40~80m에 걸쳐 약 60기가 군집한다. 이 가운데 15기가
1987년과 1992년 두 차례에 걸쳐 원광대학교박물관에 의해 발굴조사되
었다. 고분은 거의 도굴로 파괴되었으나, 돌방은 3가지 유형으로 분류
할 수 있다.

① 제1유형 구덩이식돌덧널무덤 : 잡석으로 네 벽을 쌓고 안장 후 뚜
껑돌을 덮는 형식으로서 제4·7·8·11·12호의 5기가 이에 해당한다.

장방형 평면이며, 측벽은 남아있는 흔적으로 보아 위로 올라가면서
안기울임해 단면 사다리꼴을 이룬다. 가장 규모가 큰 제7호는 길이
3.4m, 너비 1.1m이며, 가장 작은
것은 제11호로서 길이 1.9m, 너비
55cm이다.

유물은 제7호에서 뚜껑달린 굽단
지 4점, 작은 굽단지 1점, 삼족뚜
껑접시 1점, 직구호(直口壺) 1점
등이 출토되었다. 제7·8호에서는

익산 웅포리고분

모두 철부·겸신·손칼 등 철제품이 각 1점씩 수습되었다.

② 제2유형 앞트기식돌방무덤 : 규모나 축조방법이 제1유형과 비슷하나 세 벽을 먼저 쌓고 개석을 덮었다. 시설을 마무리하고 뚫린 한 면에서 매장주체를 밀어넣은 다음 입구를 막돌로 마구리한 형식이다. 제1·6·9·13호가 이에 해당한다.

역시 파괴가 심하나 규모는 제1호가 길이 2m, 너비 75cm이다. 제6호는 길이 2.28m, 너비 55~75cm에 이른다. 유물은 거의 도굴되고, 제9호에서 두껑 1점, 제13호에서 뚜껑접시 1점이 수습되었다.

③ 제3유형 굴식돌방무덤 : 우측 장벽에 연해 널길을 부설한 형식으로 3기가 조사되었다. 널방의 평면형은 제20호처럼 거의 정사각형 형과 제2·10호분처럼 직사각형 형이 있다. 제20호는 길이 2.68m, 너비 2.53m에 이른다. 그리고 널길은 너비 90cm, 길이 1.5m이다. 제10호는 길이 2.4m, 너비 1.38m에 이른다. 이 무덤에는 너비 62cm, 길이 50cm의 널길이 남아있다. 벽석 상부가 모두 파괴되었으나 부근 익산 입점리(笠店里)고분 돌덧널의 유형처럼 궁륭상천장으로 벽면은 안기울임한 것으로 생각된다.

유물은 제20호에서 직구호 3점, 단경호 1점, 뚜껑 6점, 뚜껑접시 1점, 제10호에서는 광구호 1점, 뚜껑접시 1점, 제2호에서 삼족토기 3점, 권족배 1점, 세경호 1점, 가락바퀴 1점 등이 나왔다. 백제 중기의 금강유역 묘제로서 주목된다.

익산 율촌리고분군(益山 栗村里古墳群)

전라북도 익산시 황등면 율촌리에 위치한 삼국시대의 고분이다. 전라북도 기념물 제105호로 지정되었다.

이 고분군은 해발 30m의 낮은 구릉지 정상부에 자리를 잡았다. 고분의 분구는 표고 1m 내외 정도

익산 율촌리고분군

이며, 한 변이 13m 내외의 정방형으로 능선을 따라 5기가 열을 이루고 있다. 1998~1999년에 원광대 마한·백제문화연구소에 의해서 4기의 분구묘가 발굴조사되었다. 분구와 주구 내에서 독무덤 12기, 돌방무덤 6기, 움무덤 2기가 나왔다.

이 고분군은 마한의 지배계급 무덤으로 역사적으로 대단히 중요한 의미를 갖는다. 왜냐하면 주구묘라는 형식이 일본의 고대사와도 매우 밀접하게 관련되었기 때문이다. 이 유적에서 확인되는 1봉토 다장의 형식과 방형분구의 조성 등은 나주 복암리고분으로 이어지는 것으로 볼 수 있다. 따라서 이 고분군은 역사적으로 매우 중요한 유적이다.

함평 예덕리고분군(咸平 禮德里古墳群)

전라남도 함평군 월야면 예덕리 만가촌마을에 있는 백제시대의 고분군이다. 이 역시 전라남도 기념물 제55호로 지정되었다. 4~5세기경의

대형독무덤으로 추정되는 이들 무덤은 나지막한 구릉 위에 자리를 잡았다. 영산강의 지류인 월야천이 흐르는 이 지역은 넓은 평야지대로 이루어져 있다.

이 고분군은 12기가 남아있으며, 봉분의 형태는 대부분 기다란 타원형이다. 규모는 길이 39m, 너비 20m, 높이 2.5m의 큰 것에서부터 길이 20m, 너비 10m, 높이 1.5m의 작은 것까지 다양하다. 이 고분군은 배치상태가 여타의 고분들과는 다른 모습을 보여준다. 남북 또는 동서로 축을 두고 3기씩 무리지어 가지런히 붙어 있어, 이러한 배치상태로 미루어 전방후원분(前方後圓墳)으로 보는 견해도 있으나 아직은 다른 곳에서 조사된 예가 없어 의문이 남는다.

봉분의 정상부에는 도굴갱이 남았고, 주위에는 옹관파편들이 흩어져 있다. 이곳에서 수습된 1기의 옹관파편은 아가리가 밖으로 벌어진 일상용의 대형항아리였다. 이것으로 보아 영산강유역 특유의 ‘U’자형 전용옹관과 함께 대형항아리도 관으로 사용하였던 사실을 짐작할 수 있다.

함평 예덕리고분군

한편, 이 고분군에서 북쪽으로 300m 떨어진 지역에 2기의 고분이 위치하고 있다. 규모는 각각 동서 26m, 남북 28m, 높이 4m와 동서 21m, 남북 22m, 높이 3m이다. 봉분 정상부에 도굴갱이 남은 이 무덤에서는 성토한 흔적이 보인

다. 내부구조는 조사되지 않아 독무덤인지 돌덧널무덤인지는 알 수가
없다.

해남 월송리 조산고분군(海南 月松里 造山古墳群)

전라남도 해남군 현산면 월송리에 자리한 삼국시대의 고분으로 전라
남도 기념물 제86호로 지정되었다. 월송리 증산 마을의 낮은 구릉에 자
리를 잡았다.

이 유적은 1973년 마을 주민들이 확성기를 설치하다가 돌덧널이 발견
되어 세상에 알려졌다. 돌덧널 안에서 실체를 드러낸 유물들은 광주시
립박물관에 보관하였다가 1978년 국립광주박물관으로 이관되었다.

분구의 지름은 17m이고, 높이는 4.5m 정도이다. 널방은 분구 중간쯤
에 구축하였다. 굴식돌방무덤으로 평면형태는 장방형이고, 장축은 동
서이다. 널방은 길이 363㎝, 너비 204㎝, 높이 190㎝ 내외이다. 아래쪽
에는 큰 판석을 놓고 위쪽으로는
산돌을 벽돌 쌓듯이 축조하였다.

널방에서 출토된 유물은 194점에
달하며, 종류는 토기, 마구류, 무
기류, 장신구류 등 다양하다. 전남
지역에서 처음으로 도굴되지 않은
상태에서 발견되었기 때문에 껴묻
거리가 완벽하다. 백제 돌덧널과

해남 월송리 조산고분군

같은 지하식 널방이 아니고, 영산강유역 독무덤 같은 지상식이라는 점
에서 중요한 유적이다. 그러나 정식 발굴조사가 이루어지지는 않았다.

신안 도창리고분군(新安 道昌里古墳群)

신안 도창리고분

전라남도 신안군 장산면 도창리
에 위치한 고분으로 전라남도 기
념물 제107호이다.

이 무덤은 1966년 3월 마을 독서
회관을 세우기 위해 흙을 채취하
다 우연히 발견되어 학계에 알려
졌다. 무덤의 구조는 널방과 널길
을 갖춘 돌방무덤이다. 벽면은 커
다란 판석으로 세우고, 그 위에 괴임돌을 얹어 천장의 공간을 좁게 만
든 다음 한 장의 천장돌을 덮은 이른바 꺾임천장식 돌방무덤이다. 이러
한 형식의 무덤은 백제가 부여로 수도를 옮긴 후인 7세기 중엽부터 백
제 존속기간까지의 지배계급층의 무덤으로 알려져 있다. 전남지방에서
처음 발견된 이 같은 유형의 무덤은 백제무덤 연구에 귀중한 자료가 되
고 있다. 널방의 규모는 길이 2.6m, 밑폭 1.8m, 높이 1.6m이다. 그리
고 널길은 길이 1.8m, 폭 85㎝, 높이 1.87m이다.

함평 마산리고분군(咸平 馬山里古墳群)

전남 함평군 학교면 마산리 표산 마을 뒤 낮은 구릉에 위치한 무덤으로 전라남도 기념물 122호이다.

4~5세기경의 독무덤과 5~6세기경의 돌방무덤으로 이루어졌다. 일제시대에 도굴된 것으로 보이나, 아직 정확한 조사는 이루어지

함평 마산리고분군

지 않은 상태이다. 주위에 흩어져 있는 독무덤의 항아리 파편들은 모두 영산강유역 특유의 'U'자형 전용 항아리관 파편들이다.

돌방무덤군은 '왕무덤', '8장수무덤'이라고도 부르는데, 봉토의 흔적이 남은 무덤은 9기이다. 특히, 대형무덤인 1, 2호 무덤은 봉분의 정상이 서로 이어져 표주박형태를 이루고 있다. 현재 무덤은 입구가 매몰된 상태이고, 정상부의 함몰된 남쪽 부분에서는 판석이 노출되었다. 돌방무덤이 분명하나, 그 규모나 구조 등을 파악할 수 없다.

함평 마산리 무덤들과 같이 밀집된 돌방무덤들은 전남지방에서 극히 드문 예로 이 지역 무덤 연구에 중요한 자료가 된다.

함평 예덕리신덕고분군(咸平 禮德里 新德古墳群)

전라남도 함평군 월야면 예덕리에 있는 삼국시대의 고분군으로 전라남도 기념물 제143호로 지정되었다. 영광·장성·함평의 경계를 이루

함평 예덕리신덕고분

는 산줄기에서 남쪽으로 뻗은 낮은 구릉에 장고분(전방후원형고분) 1기와 돌방무덤 1기가 자리를 잡았다. 1991~1992년에 장고분이, 1992년에 돌방무덤이 국립광주박물관에 의해 발굴조사되었다.

장고분의 규모는 전체 길이 51m, 원부 지름 30m, 원부 높이 5m, 허리부 너비 19m, 허리부 높이 3.25m, 방부 너비 25m, 방부 높이 4m이다. 장축은 남북방향에서 15° 가량 서쪽으로 치우쳐 있다. 방부는 북쪽을, 원부는 남쪽을 향하고 있으며, 주호는 깊이가 일정하지 않다. 원부의 서쪽, 특히 널방의 널길부 앞쪽에는 주호의 흔적이 나타나지 않았다. 장고분에는 1개의 널방이 있다. 원부 서반부에 치우쳐 봉토와 직교하는 동서장축을 이룬 널방은 짧은 널길과 묘도를 서쪽에 두고 있다. 널방의 규모는 남벽 288㎝, 북벽 209㎝, 동벽 239㎝, 서벽 218㎝이며 평면은 장방형이다.

벽은 아래에 넓은 판석을 세우고 위에는 네고진 산돌로 촘촘하게 쌓았으며, 작은 산돌로 틈을 메웠고, 위로 올라갈수록 좁게 쌓았다. 천장은 2장의 판석으로 덮었다. 바닥에는 널받침을 설치하였다. 입구는 큰 돌로 문주를 세우고 이마돌을 얹었다. 그리고 문비석으로 막았다. 그 바깥쪽은 산돌을 막음돌로 써서 폐쇄시켰다.

돌방무덤은 장고분 북쪽에 있다. 물갈이한 판석으로 축조한 단면 6각형의 정연한 백제식 돌방무덤구조이다. 긴 배수로가 분구 바깥까지 뻗어 있다.

두 고분 모두 이미 도굴된 상태였다. 그러나 장고분에서 나무널 부스러기와 개배를 비롯한 토기류, 금제둥근귀걸이를 비롯한 장신구, 말갖춤 등이 출토되었다.

신덕고분군에는 특이하게도 장고분과 돌방무덤이 공존하고 있다. 그러나 장고분은 5세기 말경에 해당하는 비백제계고분이고, 돌방무덤은 전형적인 백제 후기 돌방무덤이어서 시기적으로나 계통적으로 서로 무관하다. 1991년 3월 9일 전라남도 지방지정문화재 기념물로 지정되었다.

영암 금계리고분군(靈巖 金鷄里古墳群)

전라남도 영암군 학산면 금계리에 있는 삼국시대의 고분군으로 전라남도 기념물 제144호로 지정되었다. 모두 17기가 남아있다. 학산면 소재지 남동쪽에서 영암과 성전 방면으로 갈라지는 도로 사이의 야산에 위치한 이들 무덤을 현지에서는 '말무덤'·'몰무덤'·'마분등'이라 부르고 있다.

비교적 좁은 범위(지정면적 6,631㎡)에 17기의 고분이 밀집되었으며, 무덤의 규모는 길이 10~15m, 높이 1~2m의 소형이다. 평면형태는 타원형에 가까운 것이 주류를 이루고 있다. 무덤들의 보존상태는 비교적 양호하고, 주변에서 채집된 옹관편으로 미루어 독무덤고분군으로 추정된다.

영암 금계리고분군

영암지역에서는 나주 반남고분군에 인접한 시종고분군이 삼국시대의 대표적인 고분군으로 잘 알려져 있을 뿐 나머지 지역에서는 군집된 고분군이 확인된 예가 거의 없다. 따라서 이 고분군은 당시 시종지역과는 구분되는 또 하나의 소규모 중심지가 독천을 중심으로 하는 학산면 일대에 존재했다는 사실을 보여주는 중요한 고분군이라 할 것이다. 또한 이 고분군은 영암 시종고분군보다 규모는 작지만 좁은 지역에 17기가 밀집되어 있다. 또 각 고분의 평면형태가 원형이나 방형 등 정형화된 것이 아니라 타원형에 가까운 독특한 형태를 띠고 있다는 점이 주목된다.

앞으로 발굴조사가 이루어지면, 함평 만가촌고분군이나 영암 시종면 신연리고분군과 같이 사다리꼴을 띤 고분들로 판명될 가능성이 높을 것으로 추정된다.

나주 송제리고분군(羅州 松堤里古墳)

전라남도 나주시 세지면 송제리에 위치한 삼국시대의 고분이다. 전라남도 기념물 제156호로 지정되었다.

송제리 고분은 태산의 저평한 구릉이 동쪽으로 뻗어내려 영산강 지류인 금천(金川)과 만나는 송천마을 북동쪽 뒷 구릉의 소나무 숲속에 자리했는데, 바로 동쪽은 금천변에 형성된 광할한 평야가 펼쳐진다. 원래 이곳에는 2기의 고분이 있었으나, 1기는 파괴되고 현재 1기만 있으나, 이 1기도 천정부가 훼손되어 내부의 부장유물은 도굴된 상태이다. 하지만 내부구조는 거의 완벽하게 남아 있다.

마을에서는 이 고분을 '동산' 또는 '고려장'이라고 부른다. 고분의 크기는 직경 20m, 높이 약 4m의 원형분이고, 돌방은 구릉의 사면을 파고 축조한 반지하식이다. 고분의 구조는 궁룡천정을 한 굴식돌방무덤이다. 고분의 규모는 널방은 길이 300㎝, 너비 270㎝, 높이 230㎝이고, 널길은 길이 200㎝, 너비 100~60㎝(입구쪽), 높이 90㎝에 이른다. 널방의 평면은 널길쪽이 약간 좁은 정사각형에 가깝고, 널길을 중앙에 두었다.

널방의 벽석은 산돌만을 이용하여 바닥에서 약 80㎝를 수직으로 쌓았다. 그 위로는 모서리를 없애면서 천정부를 널방 바닥의 1/3까지 좁혀 쌓았다. 천정석은 2매의 장대판석을 사용하였다. 널길도 산돌을 이용해 축조하였는데, 널방에서 입구로 갈수록 좁아지고 있다. 널길 천정은 2매의 장대판석으로 덮었다. 널방 벽석에는 회칠한 흔적이 남아있고, 바닥은 자갈을 다져 깔았다. 이 송제리고분은 지금까지 전남지방에서 발견된 고분 중 유일하게 궁룡상천정을 한 굴식돌방무덤이어서 이 지역 고분 연구에 중요한

나주 송제리고분군

유적이다. 그리고 나주 반남과는 구릉으로 연결되었기 때문에 옹관고
분과의 관계 설정에도 귀중한 자료가 되고 있다.

나주 흥덕리고분군(羅州 興德里石室墳群)

전라남도 나주시 번남면 흥덕리 북쪽의 자미산 남쪽자락에 위치한 백
제의 돌방무덤으로 전라남도 문화재자료 제195호이다.

1938년 경찰관주재소 공사 시 발견되어 1939년 일본인 아리미쓰[有光
敎一]가 정리조사에 나섰지만, 상당부분 훼손된 상태였다. 이 고분은
하나의 벽을 사이에 두고 2개의 돌방을 나란히 둔 쌍실분(雙室墳)이다.
두 돌방 모두 길이 2.3m 내외, 너비 1m 내외 규모이며, 서쪽 돌방의
폭이 약간 더 넓다. 두 돌방 모두 널길과 배수시설을 갖추었고, 조사 당
시의 분구는 지름이 14m 정도였다.

하나의 돌방무덤은 그 자체가 추가장을 통한 합장이 가능한 구조를
가진 것이 일반적이다. 그런데 흥덕리고분은 두 개의 돌방을 나란히 배
치하여 합장시킨 이례적인 것이
다. 유물은 동쪽 돌방에서만 출토
되었다. 토기 1점과 은제관식 1점
을 비롯하여 몇 점의 관못이 나와
시신은 나무널에 안치하였음을 알
수 있다.

나주 흥덕리석실분

은제관식은 다른 지역의 백제 고

분에서 출토된 것과 비슷한 유형이다. 이는 『삼국사기』에 기록된 백제의 복식제도와 일치하는 유물이다. 6품에 해당하는 나솔(奈率) 이상은 은화(銀花)로 장식한다는 내용이 그것이다. 그래서 흥덕리 돌방무덤의 주인공인 백제로부터 나솔 이상의 관직을 제수받았음을 알 수 있다. 돌방의 구조와 출토유물로 미루어 흥덕리 돌방무덤의 연대는 6세기 후반경으로 추정된다.

광주 운림동고분군(光州 雲林洞古墳群)

광주광역시 동구 운림동 무등산 장원봉의 동남쪽 산록에 위치한 백제의 돌방무덤이다. 광주광역시 문화재자료 제9호로 지정되었다.

모두 6개의 무덤이 있으나, 널을 넣었던 돌방이 완전히 드러난 것은 2기 뿐이다. 이 중 제1호와 제2호 무덤은 유사한 구조를 이루었다. 바닥은 얇은 판돌들을 물이 잘 빠지도록 이중으로 깔고, 가장 밑바닥은 회갈색의 단단한 진흙을 냇돌과 섞어 기초를 다졌다. 올라가면서 무덤방의 너비를 줄인 후 정상부에 2매의 뚜껑돌을 올렸다. 그 무게로 동서벽을 유지하도록 설계한 맞조림식 돌방무덤이다.

운림동 돌방무덤은 이 고장의 백제사 연구가 문헌상 어려운 실정이라는 점을 고려하면, 중요한 유

광주 운림동석실고분

적이다. 왜냐하면, 이 지방에서 보기드문 백제식 돌방무덤의 출토로 고
고학 연구에 중요한 자료를 제시했기 때문이다.

건축
建築

1. 백제의 건축 개관

백제시대의 건축물로 지상에 남은 것이라고는 오로지 석탑뿐이다. 그 밖에 사찰의 유지나 무덤을 빌려 간접적으로 그 형상을 헤아려 볼 수 있을 뿐이다.

지상 건축물로는 동성왕(東城王) 때의 임류각(臨流閣)이라든가, 의자왕(義慈王) 때의 태자궁(太子宮)·망해루(望海樓) 등 호사스런 궁실 누각을 떠올릴 수 있다. 그리고 대통사(大通寺, 公州)·왕흥사(王興寺, 扶餘)·미륵사(彌勒寺, 益山) 같은 대사찰을 지은 기록은 보이지만, 현재 남아있는 것은 없다.

현존하는 백제의 대표적인 건축물은 석탑이다. 이 가운데 유명한 것은 부여의 정림사지탑과 익산 금마면(金馬面) 기양리(箕陽里)의 미륵사지탑이 있다. 미륵사탑은 목조탑의 형식을 번안(翻案)한 거대한 석탑이다. 본래 3개의 탑이었으나, 현재는 서탑만이 일부가 떨어져 나간 채 6

층까지 남아있다. 이 탑은 본래 7층이었을 것으로 짐작된다. 엄청난 석재를 결구하여 3간 4방의 목탑형식을 세부에 이르기까지 매우 충실하게 번안한 석탑인 것이다. 즉, 초층은 사면에 문비를 두어 안으로 통하게 되었고, 탑 안 중앙에는 거대한 방형 석주를 세웠다. 각 층의 석주에는 엔타시스의 수법이 엿보인다.

정림사지탑(定林寺址塔)은 낮고 좁은 단층기단 위에 건립된 방형의 5층탑이다. 간화된 형식 속에 균형의 미(美)를 응결시켜 아름답다. 이 석탑은 방형 우주의 엔타시스 수법이라든지, 얇고 넓은 옥개석의 형태와 각 전각에 나타난 반전 현상이 놀랍다. 그리고 목조건축의 두공을 변형시킨 옥개석 밑의 받침 등에는 미륵사지탑과 마찬가지로 목조탑의 형식이 많이 보존되었다.

석탑 외에 건축유물로서는 석등을 들 수 있다. 비록 완전한 것은 전해지지 않으나, 부여 가탑리(佳塔里) 사지와 미륵사지에서 출토된 대석 등에서는 팔각을 기본으로 하는 가구방식이 보인다.

백제사원의 가람제도는 그간 몇몇 사지의 발굴조사에서 어느 정도 밝혀지고 있다. 1935~1936년 발굴조사된 부여 군수리(軍守里) 사지는 목탑지로 생각되는 방형의 기단을 중심으로하여 중문·금당·강당이 남북 일직선상에 배치된 것과 또 중문 강당을 회랑이 연결하여 탑과 금당을 둘러싼 이른바 1탑식 가람배치가 밝혀졌다. 이 같은 형식은 1964~1966년 부여 은산면(恩山面) 금공리(琴公里)의 금강사지(金剛寺址) 발굴조사에서도 재확인되었고, 다시 1979년 이래 몇 차례에 걸친 정림사지(定林寺址)에 대한 발굴조사로 동서로 배치된 두 연지(蓮池)의 존재가 확인되는 등 유구 전체가 분명하게 밝혀지게 되면서 백제의 기본 가람형식으로 되었다. 다만 1980년부터 1995년까지 본격적인 발굴조사가 이루어진 미륵사지는 3개의 탑이 동서축을 맞추어 나란히 열을 지어 있었음이 밝혀졌는데, 중앙에는 목탑을 동·서에는 석탑을 건립한 3탑 3금당식이 확인됨으로써 백제를 비롯한 삼국시대 가람 배치에 대해 확실한 지식을 갖게 된 것은 크나큰 성과라 할 수 있다.

2. 궁원(宮苑)

왕궁리유적(王宮里遺蹟)

전라북도 익산시 왕궁면과 금마면 동고도리 일대에 자리한 유적이다. 사적 제408호로 지정되었다. '왕궁리성지'라고도 부르는 이 유적은 마한의 도읍지설, 백제 무왕의 천도설이나 별도설, 안승의 보덕국설, 후백제 견훤의 도읍설을 안고 있다. 국립 문화재연구소의 발굴조사를 통해 적어도 세 시대(백제 후기~통일신라 후기)를 거치는 동안에 이루어진 유적으로 추정하게 되었다.

유적의 석탑 동쪽으로 30m 지점에서 통일신라시대 것으로 보이는

익산 왕궁리유적

기와 가마 2기가 발견되었고, 특히 탑을 에워싼 주변의 구릉지를 중심으로 직사각형 모양의 평지성으로 생각되는 성곽유물을 찾기도 했다.

성곽의 모습은 현재 진행 중인 발굴에서 점차 세부적으로 드러나고 있다. 또한 성곽 안팎으로 폭이 약 1m 정도로 평평한 돌을 깔아 만든 시설이 발견되어 성곽 연구에 한걸음 더 다가섰다.

이 지역은 왕궁리 5층석탑(국보 제289호)과 절터의 배치를 가늠하는 유물과 더불어 바깥쪽을 둘러싼 직사각형의 성곽 흔적과 문지 등이 발견됨으로써 백제 후기의 익산 천도설이나 별도설을 뒷받침하는 중요한 유적으로 떠오르고 있다.

궁남지(宮南池)

충청남도 부여군 부여읍 동남리에 위치한 백제시대의 연지로 사적 제135호로 지정되었다. 백제의 별궁 연못으로 무왕때 만들어진 것으로 보인다. 『삼국사기』의 "궁궐에 남쪽에 연못을 팠다"라는 기록에 근거하여 궁남지라고 부른다.

『삼국사기』에 의하면, 20여 리나 되는 긴 수로를 거쳐 물을 끌어들였다고 한다. 또 주위에 버드나무를 심고, 연못 가운데에 방장선산을 상징하는 섬을 만들었다는 기

궁남지

록도 보인다. 그러나 수로와 물가·연못 속의 섬을 어떤 모양으로 꾸몄는지는 알 수 없다. 다만 못의 중앙부에 석축과 버드나무가 아직도 보여 섬이었음을 알 수 있다. 또 주변에서 백제토기와 기와 등이 출토되었다. 연못의 규모 또한 정확히 알지 못하지만, 당시에 뱃놀이를 했다는 기록이 보여 그 크기를 짐작할 뿐이다.

고대 중국사람들은 동해바다 한가운데에 일종의 이상향인 신선이 사는 3개의 섬이 존재한다고 생각했다. 그래서 정원의 연못 안에 삼신산을 꾸며 불로장수를 바랐다는 것이다. 이를 본떠 만든 것이 궁남지였다.

연못 동쪽에 당시의 별궁으로 보이는 궁궐터가 남아있다. 현재 연못 주변에는 별궁 안에 있었던 것으로 보이는 우물과 주춧돌이 남았다. 현재 연못 안에 정자와 목조다리를 만들어 놓았다.

부여 화지산일원유적(扶餘 花枝山一圓遺蹟)

충청남도 부여군 부여읍 동남리 화지산 일대에 위치한 유적지로 사적 제425호로 지정되었다. 이 지역은 백제의 이궁지인 망해정 자리로 전해지고 있다. 지난 1986년에 충남대 박물관의 발굴조사 결과 건물지 초석과 와편들이 다량 출토되었다.

2000년 5월부터 8월까지 국립부여문화재연구소가 실시한 추가 발

부여 화지산일원유적

굴조사에서도 백제에서 조선시대에 걸친 건물지, 분묘, 목책시설 등 다양한 유구 및 유물[건물지 5, 돌덧널무덤 11기, 움무덤(민묘) 18기, 석축시설, 출토유물 50점 등]이 확인되었다. 그리하여 이 일대가 백제시대 이후 계속적으로 거주지 또는 묘역으로 활용되었음을 알려주었다.

부여 관북리 백제유적(扶餘 官北里 百濟遺蹟)

부여 관북리 백제유적

충청남도 부여군 부여읍 관북리 725번지에 위치한 유적이다. 현재 사적 제428호로 지정되어 보호를 받고 있다. 왕궁지로 알려진 이 유적은 국립부여문화재연구소가 남쪽일대 184필지 95,048㎡(28,780평) 중 33필지 2,102㎡를 발굴하였다. 1983년 9월 충청남도 기념물 제43호 전백제왕궁지(傳百濟王宮址)로 지정되어 있다가 2001년 사적으로 지정되었다.

1982년부터 충남대학교박물관이 이 일대를 5차에 걸쳐 발굴조사에 나섰다. 1983년도에는 방형석축연지가 발견되었고, 1988년 발굴조사에서는 구연부에 북사(北舍)라는 명문을 새긴 토기가 나왔다. 또한 1992년 조사에서는 현재 국립부여문화재연구소의 남쪽 50m 지점에서 백제시대의 도로유적과 배수시설이 드러났다.

삼국시대의 궁궐 중 고구려의 안학궁을 제외하면 아직까지 신라와 백제의 왕궁은 정확한 위치를 알 수 없었다. 그런데 백제시대 마지막 도읍이었던 사비도성의 일부 유적이 이 지역에서 밝혀져 매우 중요한 학술적 의미를 지니게 되었다.

공주 공산성 연지(公州 公山城 蓮池)

충청남도 공주시 금성동에 자리한 공산성 내에 위치한 연지로 충청남도 기념물 제42호로 지정되었다. 공산성 내 남쪽의 영은사 앞 대지에 있다.

동서로 석축한 성곽 밖으로는 금강변쪽에 위치한 동서가 긴 평면 장방형인 이 연지는 최대 길이가 21㎝, 너비는 약 12㎝에 이른다. 호안석축은 단을 두어 쌓았는데, 전체적인 모습은 위를 넓게 하고 아래를 좁혀 쌓았다. 이는 9층 석탑을 거꾸로 세워 놓은 듯한 형태와 흡사하다. 서측호안이 남쪽에 접한 석축호 안에는 10여 개의 계단을 설치하여 출입 통로를 두었다. 계단은 다듬은 돌을 2개씩 포개 쌓았다.

이 통로는 호안석 상계단에서 아래로 4m되는 지점에서 북쪽으로 90°로 한번을 꺾어 계단을 만들었다. 이는 연지의 바닥까지 내려갈 수 있도록 배려한 것이다. 바닥은 판석으로 깔았고 동서 9m, 남북 4m의 규모이다.

공주 공산성 연지

연지의 인수구(引水口)는 특별히 시설된 것은 없는 것 같다. 연지 둘레의 동서벽에서 북쪽 금강변 호안으로 너비 40㎝의 배수로가 설치되었고, 현재도 석루두(石漏頭)가 남아있다. 이 연지의 북쪽과 금강호안 사이의 대지에서는 정면 3칸, 측면 2칸으로 복원할 수 있는 8각 고주가 발굴되었다. 측면 중앙에 누각으로 올라갈 수 있는 승가대석이 놓인 것으로 미루어 누각 건물이 들어앉았던 것으로 짐작할 수 있다.

1982~1983까지 공주대학교에서 발굴하여 유적지가 확인되었다. 이 연지는 백제시대부터 계속하여 이용되었을 것으로 보인다. 특히 암문을 통해 연지에 닿는 완벽한 유구의 발굴은 산성의 구조를 연구하는 중요한 자료이기도 하다.

3. 사지(寺址)

부여 군수리사지(扶餘 軍守里寺址)

충청남도 부여군 부여읍 군수리에 위치한 백제시대의 폐사지로 사적 제44호로 지정되었다.

1935년 일본 사람에 의해 조사되어 그 결과 중문·목탑·금당·강당이 남북으로 일직선상에 배치된 1탑 1금당의 구조임이 밝혀졌다. 백제 사찰에서의 1탑 1금당의 가람배치는 이 절터에서 처음으로 확인한 것이다. 이후 계속된 조사에서 백제의 기본적인 가람배치로 알려졌다.

금당터의 기단은 기와를 쌓아 만든 것이 특징이다. 유물은 절터에서

골고루 출토되었다. 먼저 강당터 남쪽에서 금동관 조각이 나왔고, 금당터 주위와 탑터에서는 약 1,150점의 옥이 나온 데 이어 금당 서쪽에서는 금동제방울·구두 모양의 금구가 출토되었다. 또한 연꽃무늬·덩굴무늬가 아름답게 조

군수리사지

각된 상자 모양의 벽돌과 금제고리·작은 구슬을 비롯한 많은 유물이 출토되었다.

목탑의 중심부에서는 군수리 금동미륵보살입상(보물 제330호)·군수리 석조여래좌상(보물 제329호)과 칠지도·철못·삼족토기를 비롯한 토기류가 출토되었다. 이 중 특히 주목되는 것은 칠지도이다. 칠지도는 중심에서 양쪽으로 각각 세 가지씩의 칼이 뻗어 모두 7개의 칼날을 갖추었다. 이와 비슷한 백제 칠지도 하나가 일본에 소장되어 백제와 일본의 문화교류의 한 단면을 보여주고 있다.

익산 미륵사지(益山 彌勒寺址)

전라북도 익산시 금마면 기양리에 위치한 이 절터는 사적 제150호로 지정되었다.

미륵사지에 대한 최초의 문헌기록은 『삼국유사(三國遺事)』 「무왕조(武王條)」에 나온다. 이 기록에 따르면, 백제 무왕이 부인과 함께 사자사에

익산 미륵사지

행차하던 중 용화산 아래 큰 못가에 이르자 미륵삼존이 나타났으므로 수레를 멈추고 경의를 표하였다. 왕비가 왕에게 이곳에 절을 세우기를 청하였으므로 못을 메워 절을 창건하였다. 이 절에는 미륵불인 미륵이 3회의 설법으로 미래의 중생을 모두 제도한다는 용화삼회설(龍華三會說)에 입각하여 전각과 탑과 낭무를 각각 세 곳에 세우고 미륵사라 하였다고 한다.

창건 이후의 역사는 자세하지 않다. 그러나 719년(신라 성덕왕 18) 9월에 금마군의 미륵에 벼락이 떨어졌다는 『삼국사기』의 기록이 전한다. 이때의 미륵은 미륵사를 이야기하며 미륵사의 탑에 벼락이 친 것을 기록한 것으로 추정하고 있다. 또 1407년(조선 태종 7) 나라에서 여러 고을의 자복사찰을 정할 때 청주의 보경사, 임실의 진구사 등의 여러 사찰과 함께 자복사찰로 지정된 것으로 보아 이때까지는 사찰이 건재하였음을 알 수 있으며, 18세기에 이르러 폐사된 것으로 여겨진다.

이 사지는 1966년의 발굴작업 이래로 현재까지 여러 차례의 발굴조사가 이루어졌다. 특히 동양 최대의 석탑으로 불리어지는 서탑(국보 제11호)으로 인하여 일찍부터 조사가 이루어졌다. 다만 1980년 이전에는 일부분의 발굴조사에 그쳤으나 1980년대부터 정부의 대대적인 지원하에 전면 발굴이 실시되어 1993년 동탑이 복원되었고, 전체적인 유구가 정비되어 대략적인 사찰의 규모가 밝혀진 상태이다. 또한 1997년에 개관한 '미륵사지유물전시관'을 건립하여 이곳에서 출토된 유물과 관련자료들을 전시하여 일반인에게 소개하고 있다.

사찰의 배치는 동·서에 석탑을 두고, 중간에 목탑을 세웠다. 탑 뒤에는 부처를 모시는 금당이 각각 자리한다. 이러한 배치는 미륵사지에서만 보이는 형식으로 종래 백제의 전통적인 가람배치방식인 일탑일금당 양식이 3개가 모인 형상이다. 또한 각각의 원은 회랑으로 구분되었고, 맨 뒤편에는 강당이 존재한다. 각 원은 중문·회랑·탑·금당으로 구성되어 있다.

원에 대해 부분적으로 살펴보면, 먼저 동원은 1993년에 복원된 9층탑이 있는 지역이다. 가람의 배치는 남쪽에서부터 북쪽으로 중문, 석탑, 금당이 하나의 직선축을 이루었다. 그 동쪽으로는 동회랑지가 직선축에 나란하게 남북방향으로 놓인다. 이 동회랑지는 북쪽에서 서쪽으로 꺾이고 다시 북쪽으로 꺾여 북쪽의 동승방지로 연결되었다. 동원의 중심부에 위치한 탑은 앞서 설명한 것처럼 1993년에 복원되었다. 그 북쪽 금당지 사이에는 석등하대석이 놓였다. 동금당지는 석주형태의 초석과 기단지가 노출되면서 정면 5칸, 측면 4칸의 구조물이 조성되었던 것으로 확인되었다.

중원지는 미륵사지의 중심지역으로 사지의 중심에 위치한 가람지를 말한다. 동원지와 마찬가지로 남쪽에서부터 중문, (목)탑, 금당이 하나의 직선축에 자리하였다. 그 동서쪽으로 직선축과 나란하게 동서회랑지가 놓였고, 남쪽과 북쪽으로도 각각 남회랑지와 북회랑지가 자리를 잡았다. 이 회랑지들은 동원지의 회랑지와는 다르게 완전히 장방형을 이루어 서로 연결되었다. 또 동서회랑지는 복랑으로 인접 동원지와 서원지의 회랑지로도 사용되었다. 중심부의 탑은 동·서원지와 다르게 기초가 약 2m 하부까지 판축다짐으로 이루어졌으며, 그 크기도 보다 크고 여러 가지 발굴 정황상 목탑지로 추정되고 있다. 목탑지와 금당지 사이에는 마찬가지로 석등하대석이 놓였다. 이 석등하대석 남북으로 목탑지 북쪽과 금당지 남쪽으로 보석이 깔렸다. 이 석등지 북서쪽에도 간주를 꼽을 수 있도록 그 중심에 구멍이 난 석재가 놓여 있다. 그리고 북쪽의 금당지 역시 동·서원지와는 다르게 그 규모가 크다. 내부 건물의 초석 또한 석주형태를 보이지 않고, 상대적으로 낮은 초석으로 이루어졌다. 그 서북 모서리에는 활주 초석으로 추정되는 석재가 놓여 있다. 크기는 정면 5칸, 측면 4칸으로 칸의 규모는 같으나 칸의 간격이 동·서원지보다 넓다.

서원지는 국보 제11호로 지정된 익산미륵사지석탑이 자리한 지역이다. 중원지를 중심으로 동원지와 대칭적인 형태로 배치되어 있다. 동원지와 마찬가지로 중문, 석탑, 금당으로 가람배치가 이루어졌고, 중문지 위로 계단이 설치되었다. 각 유구지의 상부는 석주 형태의 초석을 노출해 놓고 있다. 금당지는 앞서 살펴본 바와 마찬가지로 정면 5칸, 측면 4

칸의 구조로 크기는 동원지와 유사하다. 이 서원지 북쪽의 회랑지와 강당지의 서승방지 일부 지역에서는 후대 건물지로 추정되는 유구가 노출되었다. 이 때문에 현재 동원지와는 다르게 그 폭이 아주 넓다. 이 건물지들은 통일신라 및 고려시대의 건물지로 추정되며, 미륵사지의 존속기간을 가늠할 수 있게 해준다.

강당지는 앞의 삼원의 중앙 북쪽에 자리하고 있고 동서방향으로 긴 장방형을 이루었다. 기단의 형식은 다른 건물지와 마찬가지로 2중기단으로 이루어져 지대석 위에 면석을 놓고 그 위로 갑석을 덮는 형식이다. 강당지의 남쪽 동서로는 각기 동원지와 서원지로 연결되는 동서승방지가 조사되었다. 또 그 북쪽으로는 동서방향으로 긴 석축단이 조성되었고, 그 바로 북쪽으로 동서방향으로 가장 긴 형태의 북승방지가 자리를 잡았다. 이 북승방지는 후대에 동서방향으로 더욱 길게 연결되어 지금의 형태를 갖추었다. 강당지의 동서 승방지 조성시기에는 북승방지 동서 끝 기단선과 동서 승방지의 동서 기단선 끝이 일직선을 이루었던 것으로 추정되고 있다.

그리고 그 북쪽으로는 고려 및 조선시대로 추정되는 후대에 조성된 건물지 다수가 발굴조사되었다. 또 북동쪽으로 산기슭 아래에는 조선시대 와요지가 나왔다.

미륵사지 동·서탑의 남쪽으로는 각각 일정한 거리에 당간지주가 놓여 있다. 이 한쌍의 당간지주는 현재 보물 제256호로 지정되었다. 통일신라시대의 것으로 알려진 서당간지주의 하부조사에서도 통일신라 전반기의 어느 시기로 추정되는 흔적이 보였다. 이 당간지주 외곽으로는 통일신라시대에 조영되었을 것으로 추정되는 회랑지가 삼원의 남회랑지 남쪽 아래로 '凹'자 형태로 조성되었다. 그리고 이 후대 남회랑지 남쪽 아래에는 연못을 만들었다. 이 밖에 사역 내에서는 통일신라 및 고려시대의 와요지 등이 발견되었다.

 현재 사역 내에는 석탑 1기와 사찰의 입구를 알리는 당간지주, 석등하대석 등이 남아 있다. 현재 남은 석탑 중 최고 최대의 미륵사지석탑은 미륵사가 창건된 시기인 백제 무왕 때에 축조된 것으로 추정된다. 그래서 양식 및 구조의 특징으로 미루어 우리나라 최초의 탑파형식인 목탑에서 석탑으로 이행하는 시원적 모습을 보여준다. 이 탑이 일찍부터 주목되어 온 것도 그 때문이다. 1962년에 국보 제11호로 지정되었다. 원래의 높이는 9층이었을 것으로 추정되나, 오랜 세월에 시달려 6층 일부만 남았다. 파괴 유실된 탑의 서반부는 붕괴위험으로 인하여 일제강점기인 1915년에 시멘트를 발라 보수하였다. 그러나 이층의 기단 위에 세운 초층 탑신의 정면은 엔타시스가 뚜렷하며 네 개의 기둥을 놓아 세 칸 규모의 건물 모습을 그대로 재현해 놓고 있다. 각 칸의 중앙에는 짧은 기둥을 놓아서 면을 둘로 나누는데, 가운데 칸은 안쪽과 통한다. 이때 생긴 십자 모양의 공간 내부에는 네모난 돌기둥을 세워 목탑형식에서 보이는 기둥을 재현해 놓고 있다. 2층부터는 탑신의 규모를 2칸으로 줄이고 엔타시스가 뚜렷한 동자주를 올려 놓는 것으로 목조건축의 느낌을 되살렸다. 지붕돌 아래에는 3단의 받침을 마련하여 지붕을 받치고 있는데, 얇고 편현한 처마가 끝 부분에 이르러서 살짝 반전한 모습은 환상적이다. 지붕돌 윗면에는 1단의 탑신 괴임대가 마련되었고, 2층 이상의 지붕돌 역시 같은 형식이다. 기단부터 탑신에 이르기까지 모두 별도의 돌을 써서 조립함으로써 목조 건축을 충실히 재현하고자 했던 의지를 살필 수 있다.

사찰 입구에 설치되는 당간지주는 약 3.95m의 높이로 보물 236호로 지정되었다. 미륵사지 남쪽에 현재 2기가 동서로 약 90m의 간격을 두고 남아있다. 양쪽 지주 모두 크기나 양식은 물론 조성수법이 같아 동일한 시기에 세어진 것으로 추정된다. 지주를 받치던 기단부는 완전히 파괴되어 대부분의 부재가 파묻히고 약간만이 노출되었으나 원형은 짐작할 수 있다. 대체적으로 장식은 적으나 형태미가 우수하다. 가늘고 긴 호형주두에 굴곡을 마련하고 각 측면에 선대를 표현하였다. 이러한 수법은 숙수사지당간지주와 부석사당간지주에도 나타난다. 그래서 이 같은 특징을 근거로 통일신라시대 중기에 조성된 당간지주로 보고 있다.

석등하대석은 동원과 중원의 탑지와 금당지 사이에 자리잡고 있으며, 전북 문화재자료 제143호로 지정되었다. 우리나라 석등의 시원으로 알려진 자료로 학술적으로도 중요하며 보존상태도 양호하다. 간주석, 상대석, 화사석, 옥개석, 보주 등이 모두 유실되고 하대석만 남아있으나 현존 석등 중 제작시기가 가장 빠르다. 하대석의 복연의 양식은 경내에서 출토된 연화문 수막새와 흡사하다. 석등의 위치가 이동되지 않은 것으로 보아 탑과 함께 미륵사 창건시에 조성된 것으로 추정하고 있다.

한편 발굴을 통해 경내에서 출토된 유물로는 기와·토기·금속·목재 등 다양하며, 특히 글자를 새긴 기와도 많이 발견되었다. 이곳에서 발견된 유물들은 전시관 내에 전시·보관되었다. 전시관 내에는 미륵사의 복원된 모습이 모형으로서 전시되어 관람객의 이해를 돕고 있다.

미륵사는 신라의 침략을 불교의 힘으로 막고자 하는 뜻을 담아 지은 백제의 호국사찰이다. 이 때문에 당대의 사회·경제·문화·기술이 집약된 사지로 평가되거니와 역사적인 가치가 매우 큰 사역(寺域)이기도 하다.

부여 정림사지(扶餘 定林寺址)

충청남도 부여군 부여읍 동남리에 위치한 백제시대의 사지이다. 사적 제301호로 지정되었다.

백제가 부여로 도읍을 옮긴 시기(538~660)의 중심 사찰이 있던 자리에 위치했다. 발굴조사 때 강당터에서 나온 기와조각 중 '태평 8년 무진 정림사 대장당초(太平八年 戊辰 定林寺 大藏唐草)'라는 글이 발견됨으로 고려 현종 19년(1028) 당시 정림사로 불렀음을 알 수 있다. 고려시대에 백제사찰의 강당 위에 다시 건물을 짓고 대장전이라 했던 것으로 보인다.

정림사의 주요 건물은 중문, 5층석탑, 금당, 강당에 이르는 중심축선이 남북으로 일직선상에 배치되었다. 건물을 복도가 감싸는 배치형태를 보이고 있으나 특이하게 가람 중심부를 둘러싼 복도의 형태가 정사각형이 아니고, 북쪽의 간격이 넓은 사다리꼴 평면을 이룬 점이 특징이다.

부여 정림사지

발굴조사에서 드러난 절 앞의 연못은 현재 정비되었으며, 경내 금당지에 위치한 석불좌상을 보호하기 위한 건물은 1933년에 지어졌다. 경내의 5층석탑은 좁고 낮은 1단의 기단 위에 5층의 탑신을 세워 지었다. 당(唐)의 장수인 소정방이 '백제를 정벌한 기념탑'이라는 뜻의 글귀를 초층탑신에 새겨넣어 '평제탑'이라고 불리었으나, 발굴조사 후 정림사지5층석탑이라는 명칭을 얻게 되었다. 좁고 얕은 1단의 기단과 배흘림기법의 기둥표현이나, 얇고 넓은 지붕돌의 형태가 이채롭다. 이러한 이유로 목조건축물의 형식을 충실히 이행하면서도 단순한 모방을 벗어나 세련되고 창의적으로 표현한 점이나, 익산미륵사지석탑과 함께 목조건축양식을 계승한 한국석탑의 시원양식을 간직한 백제시대의 석탑이라는 점에서 매우 귀중한 자료로 평가받고 있다. 세련되고 정제된 조형미를 통해 격조높은 기품을 풍기는 영원한 백제의 대표적 조형물이다.

한편 이 외에도 발굴조사 결과 백제와 고려시대의 장식기와를 비롯하여 백제시대의 벼루, 토기와 흙으로 빚은 불상들이 출토되었다.

성주사지(聖住寺址)

　충청남도 보령시 성주면 성주리에 위치한 이 절터는 사적 제307호로 지적되었다.

　『숭암산성주사사적(崇巖山聖住寺事蹟)』에 의하면 백제의 법왕이 왕자 시절인 599년에 전쟁에서 죽은 병사들의 원혼을 위무하려는 뜻으로 창건하고, 오합사라고 명명하였다고 한다. 한편 『삼국사기』와 『삼국유사』는 백제의 멸망을 예고하는 특이한 일들이 이 절에서 일어났다고 전한다. 현재 전해지는 '성주사(聖住寺)'는 신라시대의 이름이다. 『숭암산성주사사적(崇巖山聖住寺事蹟)』에 의하면 신라 문성왕대에 당에서 돌아온 낭혜화상 무염국사가 선종구산문중의 한 사찰로서 크게 중창하면서 사명을 성주사로 개칭하였다는 것이다. 또한 개칭시 규모는 불전 80칸, 행랑 800여 칸, 고사 50여 칸으로 기록하여 거의 천여 칸에 이르는 규모였음을 설명하고 있다. 이때의 성주사는 충청도는 물론 온 나라에서도 손꼽히는 사찰이었고, 신라 하대 구산선문에서 가장 번창하였던 사찰로서 전해지고 있다. 그러나 이러한 사찰이 언제 폐사되었는지는 기록에 전해지는 것은 없다. 1974년 동국대학교박물관에서 실시한 삼천불지의 조사과정에서 '가정 27년(嘉靖 27年)'의 명문 및 『성주천불당초(聖住千佛唐草)』 등

성주사지

의 명문와가 출토되어 성주사를 확인함으로써 임진왜란때 불에 타 폐사된 것이 아닌가 추정하고 있다.

사역의 규모는 대략 동서 220m, 남북 142m로 추정된다. 가람배치는 중문안에 5층석탑과 탑 후면의 금당, 그 뒤에 3층석탑 3기와 강당지로 추정되는 건물지가 확인되었다. 금당 우측에는 남북으로 긴 삼천불전지와 더불어 이를 둘러싼 회랑의 흔적을 찾아냈다. 금당 뒤의 3층석탑을 제외하면 전형적인 백제시대의 일탑일금당 양식이다. 금당지에서는 석조연화대좌가 조사되었다. 구전에 의하면 이곳에 쇠부처가 있었으나, 일제강점기에 일본인들이 가져갔다고 전해지고 있다.

현재 사역 내에는 국보 제8호로 지정된 낭혜화상 백월보광탑비(朗慧和尙 白月葆光塔碑)를 비롯하여 보물 제19호인 5층석탑과 보물 제47·20호인 서삼층석탑과 중앙삼층석탑이 있다. 그리고 충청남도 유형문화재로 지정된 동삼층석탑·석등, 충청남도 문화재자료 제140호인 금당지 돌계단이 절터를 지키고 있다. 강당지 뒤편의 조선시대의 석불입상은 문화재자료 제373호로 지정되었다. 이 밖에 금당지 중앙에 위치한 석조연화대좌가 있다.

경내 서북쪽 석축앞에 위치한 전각 내에는 성주산문의 개창조사인 무염국사의 부도비인 낭혜화상백월보광탑비(朗慧和尙白月葆光塔碑)가 보관되었다. 그의 사후 2년 뒤인 890년에 당대의 명문장가인 최치원이 글을 짓고 그의 사촌동생인 최인곤이 글씨를 써 낭혜화상의 업적을 기린 비(碑)이다. 높이 4.55m, 폭 1.57m, 두께 42cm로 신라 부도비 중에서 가장 크다. 귀부(龜趺) 거북의 얼굴 부분은 상했으나, 비신이 그대로 남아 거의 완전한 형태를 유지하고 있다. 머리 위쪽에는 뿔이 하나 나고, 눈이 불거진 거북은 입을 약간 벌렸는 데, 등에는 이중의 육각무늬가 선명하다. 비좌에는 안상을 새기고 그 안에 꽃무늬와 구름무늬가 도드라져 있어 화려한 멋을 내고 있다. 높이 2.63m인 비신에는 최치원이 지은 비문 약 5,000여 자가 들어갔다. 이수에는 연꽃받침 위에 구름과 용이 뒤엉켜 화려하게 조각되었다. 제액 윗부분에도 아래의 거북머리와 같은 방향으로 용머리 하나가 솟아났다.

경내의 탑들은 통일신라 말기와 고려 초에 축조된 것으로 보이는 석탑들이다. 중앙의 5층석탑은 2중기단 위에 5층의 탑신석을 올리고 있는 신라석탑의 전형적인 양식을 보인다. 그러나 1층 탑신석 아래에 굄돌을 받쳐 놓아 고려시대 석탑의 시원적 양식으로 살펴볼 수 있다. 상륜부는 남지 않은 채로 높이가 6.6m에 이르는데, 1층 탑신석이 시원하게 뻗은 위로 나머지 네 층이 고른 체감율을 드러낸다. 높이에 비해 지붕돌 넓이가 넓지 않아 전체적으로 홀쭉한 인상을 주면서, 경쾌한 상승감이 우러나온다.

금당지와 강당지 사이에 위치한 3기의 3층석탑은 5층석탑과 마찬가지로 나말여초에 조성된 것으로 추정되며, 크기와 형식이 5층석탑과 엇비슷하다. 2중기단에 3층의 탑신석으로 이루어졌다. 통일신라 말기의 전형적인 형식을 간직했지만, 전체적으로 왜소해진 편이다. 또한 5층석탑과 마찬가지로 기단 갑석과 1층 탑신석 사이에 굄돌을 받쳐 놓았다. 세탑 모두 1층 탑신석에 문틀과 문비를 새겨 놓았는데, 이 중 가운데 3층 석탑의 조각이 가장 화려하다. 이처럼 금당지 뒤편에 3기의 3층석탑이 위치한 연유에 대하여는 여러 가설이 제기되었다. 『숭암산성주사사적』에 의하면 이 세탑이 각각 정광·약사·가섭 세 여래의 사리탑이라 적혀 있다.

5층석탑 전면에 위치한 석등은 조선시대에 축조되었다. 높이 2.2m에 8각을 기본으로 한 석등이다. 일제강점기에 흩어진 것을 적당히 조립했다는 이 석등은 1971년 석탑 4기를 해체 수리할 때 현재의 5층석탑 앞쪽에 복원하였다. 석등의 창에 문을 달아 고정한 흔적이 없는 점으로 보아 실제 사용했던 것으로 보기는 어려우며 조선시대의 작품으로 추정하고 있다.

금당에 오르는 석계단은 잘 다듬은 널찍한 돌을 써서 5단으로 쌓아 올렸다. 양쪽 소맷돌에 사자상을 조각해 두었다고 하나, 1986년에 도난당하여 현재는 남아있지 않다. 그리고 강당지 뒤편에 위치한 석불입상은 타원형의 얼굴로 인자한 모습을 하고 있으나 얼굴·목·가슴 부위가 훼손되어 시멘트로 손질한 점이 아쉽다. 지대석의 움직임으로 보아 어느 시기에 현재의 위치로 옮긴 듯하다. 시멘트로 손질을 한 까닭에 전체적인 인상이 일그러져 보이나, 자세히 살피면 목에는 삼도가 뚜렷하다. 그리고 법의가 어깨에서 배까지 'U'자로 부드럽게 흘러내렸다. 불상의 양식으로 미루어 조선시대 중·후기에 조성한 것으로 보인다.

이 밖에 삼천불지에서 발견된 소조불입상은 흙으로 빚어 구워낸 뒤

도금하거나, 채색한 유물이다. 통일신라 말기부터 고려시대에까지 제작된 것으로 추정된다. 이들 유물은 현재 국립부여박물관과 동국대학교박물관에 보관·전시 중이다.

서산 보원사지(瑞山 普願寺址)

충청남도 서산시 운산면 용현리에 위치하였다. 사적 제316호로 지정되었다.

보원사지는 이 절터에서 가까운 서산마애삼존불의 본사라고도 하고, 한때 고란사라는 이름을 가진 절이었다고 한다. 그러나 절의 내력에 관해서는 거의 알려진 것이 없다. 최치원이 지은 『당대천복사고사주번경대덕법장화상전(唐大薦福寺故寺主翻經大德法藏和尙傳)』에는 통일신라 화엄 10찰로 기록되어 창건연대를 통일신라 말로 보게 되었다. 그러던 중 백제시대의 금동여래입상이 1968년에 발견되어 창건시기를 백제시대까지 올려 볼 수 있는 가능성도 생겼다. 화엄 10찰로 기록되고, 사역 내의 유물로 보아서는 대사찰이었을 것은 틀림이 없다. 그런데 조선 중기에 편찬된 『신증동국여지승람(新增東國輿地勝覽)』에는 이름이 나오지 않아 그 전에 폐사가 된 것으로 추측하고 있다.

경내에는 몇몇 건물의 장수석 등이 보일 뿐 현재 건물은 없다. 그러나 보물 제102호로 지정된 석조를 비롯하여 당간지주·5층석탑·법인국사보승탑과 탑비 등이 경내에 있다.

사찰에 들어서면 가장 먼저 보이는 4.2m 높이의 당간지주가 우뚝하다. 전체적으로 조각이 화려하지는 않으나, 단순한 테두리를 둘러 멋과 힘을 잃지 않았다. 맨 위쪽에는 4분원을 매끄럽게 그렸고, 간을 잡는 구멍을 위와 아래 두 군데에 뚫어 양쪽에서 서로 마주 보인다. 완전한 형태로 남은 간대의 2층기단에 둥근 구멍이 있다. 조성시기는 통일신라시대로 보고 있다.

사역의 중앙에 위치한 5층석탑은 2중기단 위에 5층의 탑신과 함께 정상에 상륜을 올린 일반형 석탑이다. 약 9m의 높이에 급격한 체감률을 보이고 있으면서도 옥개석이 넉넉하게 펼쳐져 안정감을 갖추고 있다. 하층기단의 면석에 기둥 모양을 새김으로써 형식적으로 칸을 나누었는데, 각 칸마다 사자상을 새겨 모두 열두 마리의 사자상이 들어앉았다. 각기 다른 자세를 한 이들 사자는 발 모양이나 표정들이 매우 생생하게 표현되었다. 통일신라시대 양식을 잘 이어받은 모습이다.

상층기단도 기둥모양을 새겨 칸을 나누고, 한면에 둘씩 팔부중이 묘사되었다. 그 중 서쪽면의 아수라상이 유명한데, 돋을새김이 그리 도톰하지는 않으나 인체비례가 알맞고, 조각 솜씨 또한 뛰어나다. 기단부나 탑신부에 모두 층층의 갑석 위에 몸돌을 받는 굄대를 설치한 것으로 보아 고려시대에 축조된 것으로 보인다. 다만 옥개석의 기울기가 완만하고 처마도 반전이

서산 보원사지

거의 없이 평평하게 퍼져 있다. 그래서 부여의 정림사지석탑 이래로 내려오는 백제양식을 그대로 이어 받은 백제계 석탑의 특징을 보여준다. 고려시대에 사찰을 중창할 때 조성된 것으로 추정된다.

사역 내의 오른쪽 수풀 사이에 위치한 석조는 일반적인 방식을 따라 만들었기 때문에 장방형을 이루었다. 하나의 암석을 장방형으로 다듬고, 그 속을 다시 장방형으로 파내어 석조를 만들었다. 현재에는 두 곳에 길이로 균열이 나 있다. 안팎으로 장식이 없으며, 밑바닥 한쪽에 물이 빠지는 구멍만이 있을 뿐이다. 전체적으로 통일신라시대 석조의 모습을 충실히 따르고 있다. 사찰이 중창될 때에 조성된 것으로 보인다.

사역의 맨 뒤쪽에 위치한 법인국사부도와 부도비는 부도가 대개 위치하는 자리에서 벗어나 절 한가운데서 그리 멀지 않은 자리에 위치하고 있다. 고려시대의 고승인 법인국사 탄문의 부도와 탑비이다.

부도를 먼저 살펴보면, 전형적인 팔각원당형으로 4.7m에 이른다. 부도치고는 매우 규모가 크다. 4매의 판석으로 된 지대석 위에 팔각기단부가 탑신부와 상륜부를 받치고 있다. 기단부 안에는 안상을 조각하고 그 안에 사자상을 도드라지게 새겼다. 중대석 고임에는 눈, 코, 입, 비늘을 사실적으로 표현한 용이 구름을 휘감고 있다. 중대석은 아무 장식 없이 곧게 팔각으로 기둥처럼 올라갔으나, 상대석에는 연꽃이 화려하게 조각되었다. 우주를 표현한 탑신 전후면에는 자물쇠가 달린 문비를, 또 좌우면에는 사천왕상을 새겼다. 남은 2면에는 인물상이 조각되었는데, 사천왕상의 두광에는 화염문이 표현되어 있다. 넓은 옥개석은 귀꽃이 솟아 화려하다. 고래시대 부도의 특징을 보여주는 몸돌에 비해 지붕돌이 커서 무거운 느낌을 주지만, 귀꽃의 반전이 경쾌하여 무게를 한껏 덜어주고 있다. 상륜에는 복발·보륜이 있으나, 많이 망가졌다. 부도비가 새겨진 것이 978년이라고 기록되어 이 부도 역시 같은 시기에 조성되었을 것으로 보고 있다.

탑비는 비신과 귀부가 온전히 남았다. 법인국사의 행적에 관한 기록이 소상히 적혀 사료로서도 매우 귀중한 유물이다. 4.25m로 부도보다는 작으나, 비로서는 큰 편에 속한다. 이수의 상부에 용연을 파고, 용이 사방에서 모이도록 한 조각이 매우 특이하다. 비를 받친 거북은 목이 몸에 붙고, 입이 길어 비교적 사나운 얼굴을 하고 있으며 땅에 굳건히 버틴 두 발이 매우 견고하다. 그래서 당대의 정치·사회상을 보여주는 듯 하다. 비수의 제액에는 『가야산 보원사 고국사 제증시 법인삼중대사 지비(伽倻山 普願寺 故國師 制贈諡 法印三重大師之碑)』라고 쓴 글이 보인다. 이 글은 김정언이 짓고, 글씨는 한윤이 썼다. 비문에는 법인국사 탄문의 생애와 화엄종이 강력한 전제정권을 수립하는 사상적 배경과 함께 법인국사가 고려 왕실의 정신적 지주였음을 서술하였다. 비문에 새긴 대로 고려 경종 3년인 978년에 건립된 것으로 보인다. 이러한 시대적 배경에 따라 부도와 부도비는 기준작이 되고 있다.

익산 제석사지(益山 帝釋寺址)

전라북도 익산시 왕궁면 왕궁리에 위치한 백제시대의 사지인데, 사적 제405호로 지정되었다. 중국 육조시대의 문헌인『관세음응험기(觀世音應驗記)』에는 백제의 무강왕(무왕) 40년(정관 13년, 639)에 금마 지모밀지에 천도하였고, 같은 해에 제석정사(帝釋精舍, 제석사)가 불에 탔다는 내용이 들어 있는데, 이 절터에서 '제석사(帝釋寺)'라고 인각된 명문와가 발견되어 제석사지로 보는 심증을 굳히게 되었다. 현재 이 절터의 중심부는 목탑지로 추정되는 가운데 기단 중심부에는 목탑의 심초석으로 보이는 큰 돌이 둘로 쪼개진 채 남아있다.

1994년 원광대학교 마한·백제문화연구소의 부분발굴조사에서 목탑지, 금당지 기단, 강당지 기단이 확인되었다. 금당지 남측기단은 동서 31.7m, 남북 23.2m에 이른다. 이 금당지의 기단 구조는 미륵사지와 같은 형태의 2중기단으로 확인되었다. 또한 강당지 남측기단은 동서 52.7m, 남북 18.4m로 밝혀졌다. 출토유물은 연화문 수막새, 당초문 암막새, 인각와 등의 백제에서 통일신라시대에 걸친 와전류가 주류를 이루었다. 이 가운데 암막새는 백제유적에서는 처음으로 출토된 유물이었다.

1965년에 왕궁리 5층석탑을 해체 수리하는 과정에서 사리기가 발견되었는데, 이 사리기의 구성내용이 세간의 주목을 끌었다. 왜냐하면 제석사의 7층탑 심초석에 사리기를 봉안하였다는『관세음응험기』

익산 제석사지

에 기록된 내용과 얼마만큼 맞아떨어졌기 때문이다. 이렇듯 왕궁리 유적의 5층탑을 포함한 사지(관궁사지)와 서로 밀접한 관계를 제시했던 것이다. 그래서 제석사를 지어 제석사탑에 봉안했던 사리기를 제석사가 불타고 난 후 왕궁리 유적 내에 지은 사지의 탑에 다시 봉안했을 것이라는 견해도 나왔다. 어떻든 정확한 사실은 알기가 어렵다. 왕궁리탑에서 발견된 사리기 중 금강경판은 금제인데 반해 제석사지 봉안사리기 중 금강경편은 동제였다는 기록과는 차이가 있기 때문이다.

왕흥사지(王興寺址)

부여군 규암면 신리 49번지에 위치하고 있다. 사적 제427호로 지정되었다.

왕흥사는 『삼국사기』와 『삼국유사』에 모두 나오는 사찰이다. 법왕 2년(600)에 건립하기 시작하여 그의 아들인 무왕 35년(634) 2월에 완공되었다는 기록이 나온다. 이 기록에서 왕흥사는 주위 경관이 매우 빼어난 곳에 자리했다고 밝혔다. 현재의 절터에서도 남쪽으로 백마강과 부소산이 바라다 보여 기록과 환경이 일치하고 있다.

현재 대부분의 사역에는 민가가 들어섰거나 농경지화되어 유적의 면모는 찾아보기 힘들다. 다만 방형초석과 지대석 등이 지표에 노출되었다.

2000년 국립부여문화재연구소가 동편 일부를 발굴조사하였으나 이 조사에서는 사지로 추정할 만한 유구가 발견되지 않았다. 또 출토유물 역시 일부를 제외하고는 대부분 파손되었거니와, 출토 층위도 안정되

왕흥사지

지 못하였다. 그러나 해방전 고려시대의 암키와편에 '왕흥(王興)'이라는 명문이 발견되어 왕흥사지로 부르고 있다.

이처럼 왕흥사는 사지의 흔적을 찾을 수 없을 정도로 황폐하여 당시의 모습을 알 수가 없다. 그러나 자료가 희귀한 백제관계 기록 중에서 거의 유일하게 그 위치와 기록이 일치한다. 이 사역의 정밀 발굴조사가 계속 이루어져 백제 후반기의 사원양식을 이해하는 귀중한 정보가 제공되기를 기대하고 싶다. 체계적인 발굴은 삼국시대 왕실 혹은 호국의 기능으로서의 불교문화를 상호 비교할 수 있는 토대를 마련해 줄 것으로 사료된다.

부여 능산리사지(扶餘 陵山里寺址)

충청남도 부여군 부여읍 능산리 산 15-1번지에 위치한 사지이다. 능산리고분군과 부여 나성 사이에 든 이 사지는 현재 사적 제434호로 지정되었다.

능산리고분 전시관의 주차장을 조성할 때 발견되어 1992년 시굴조사를 시작으로 2000년까지 모두 6차례의 발굴조사가 이루어졌다. 그 결과 남북자오선상에 중심축을 둔 일탑일금당(一塔一金堂)의 전형적인 백제 가람형식을 갖추었던 절터로 밝혀졌다. 남문에서부터 중문, 목탑, 금당이 들어서고, 강당지에는 특수한 구조의 대형건물이 위치하였다.

이 절터는 원래 능산리 뒷산 산록 하단의 경사지에 조성되었다. 이 때문에 지표수 및 지하수가 땅에 많이 고여 절터의 동·서·북쪽에 큰 배수로를 두었다. 그리고

부여 능산리사지

위에 석교를 놓아 통행하였고, 특히 서쪽 대배수로 하단에는 하부구조가 잘 보존된 목교(木橋)가 조사되었다. 이 나무다리는 절터의 서쪽인 나성방면(부여방면)에서 절터로 출입하는 주출입통로였음을 알 수 있었다. 또 회랑 안쪽에도 곳곳에 암거 배수로를 두었다.

1993년에는 이 절터 내의 공방으로 짐작되는 건물터에서는 세기의 보물로 평가를 받은 '백제금동대향로(百濟金銅大香爐, 국보 제287호)'가 출토되었다. 이 대향로는 백제의 높은 금속공예기술 수준과 예술 역량을 널리 알리는 계기가 되었다. 또한 이 향로와 함께 출토된 '백제창왕명사리감(百濟昌王銘舍利龕, 국보 제288호)'에는 사리를 모신 시기와 공양자 및 절의 창건연대를 밝히는 글자를 새겨 매우 귀중한 유물로 평가된다. 또한 1999년부터 시작된 절터의 남쪽구역 저습지에 대한 조사 과정 중에 나무용기, 나무숟가락, 나무젓가락, 나무빗, 지게발재와 작대기 등의 생활유물과 함께 '천(天)', '봉의(奉義)' 등을 적은 음각 목간(木簡)과 '보희사(寶憙寺)', '자기사(子基寺)'의 묵서명이 든 목간 20여

점이 출토되어 문헌자료가 부족한 이 분야 연구에도 크게 기여하였다.

이 능산리사지는 사리감에 새긴 기록으로 미루어 왕실에서 지은 국가 사찰로 보이며, 바로 이웃에 자리한 왕릉으로 추정되는 능산리고분군을 축원하기 위한 사찰이었을 가능성이 매우 크다. 창건연대와 더불어 삼국시대의 역사학과 건축공학, 고고학, 미술사학의 연구에 있어 매우 중요한 유적으로 평가된다.

부여 금강사지(扶餘 金剛寺址)

충청남도 부여군 은산면 금공리에 위치한 폐사지이다. 2001년 사적 제435호로 지정되었다.

백제시대에 창건한 이후 통일신라시대와 고려시대까지 계속하여 존속된 유서깊은 사찰이다. 1964년과 1966년 두 차례의 발굴조사가 이루어졌다. 이 조사에서 초창 이후 두차례에 걸친 중건이 이루어졌고, '금강사(金剛寺)' 라는 명문 기와가 발견되어 '금강사' 라고 불렸던 절이 폐사되어 절터만 남았다는 것을 알 수 있었다.

초창 가람은 백제시대의 전형적인 가람 형식인 목탑을 갖춘 일탑일금당식의 가람으로 확인되었다. 그러나 남북을 축으로 한 남북방향의 일탑일금당식이 아니고, 동

부여 금강사지

서를 축으로 한 점을 특징적으로 보여 주었다. 동쪽에서부터 중문, 탑, 금당, 강당의 순으로 건물이 이어졌고 중문에서 강당에 걸쳐 회랑이 돌려져 있는 것으로 확인되었다.

이 가람 건축에서 기단은 건물에 따라 약간의 차이를 보이고 있다. 금당의 경우는 지대석, 면석, 갑석을 갖추고 네 귀퉁이에 동자주를 세운 형식이다. 이와는 달리 강당과 승방은 지대석이 없이 판석을 세워 축조하였다. 목탑지의 기단은 2층이었을 것으로 추정되었다. 그런데 이 기단의 지하 6척(尺) 깊이에서 발견된 심초는 자연의 풍화암반을 이용한 특이한 형태의 것이었다.

탑·금당·중문의 기단 축토가 판축법에 의해 축성되었음이 처음으로 확인된 절터로서 이 같은 판축의 절터는 역사적으로나 미술사학적으로 가치가 매우 높은 유적이다.

호암사지(虎岩寺址)

충청남도 부여군 규암면 호암리에 위치한 백제시대의 사지이다. 충청남도 기념물 제32호로 지정되었다.

호암사에 대한 문헌기록은 『삼국유사』에서 확인할 수 있다. 그 내용은 "호암사에는 정사암이라는 바위가 있어 나라에서 재상을 선출할 때에 3~4번의 이름을 적어 함봉(函封)하여 바위 위에 두었다가 얼마 후에 개봉하여 그 이름 위에 도장이 찍혀있는 자로 재상을 삼았다. 그런 이유에서 정사암이란 이름이 생겨났다"는 것이다.

호암사지

현재 사역의 중심부로 추정되는 지역은 대부분이 민가가 들어서 정확한 건물지의 위치를 파악할 수는 없다. 그러나 백제 때의 방형 및 원형주초석들이 부근 민가에서 사용되어 이 일대가 사지였음을 짐작할 수 있다. 이 지역 민가에서 집을 개축할 때 크기 25㎝ 가량의 금동불입상이 출토되었다고 전하나, 현재 행방은 알 수 없다. 불상이 출토된 집의 남쪽에 약 2,000여 평의 논이 있는데, 속칭 '담안논'이라 부르기 때문에 근처가 바로 사찰경내였던 것으로 추측되고 있다.

임강사지(臨江寺址)

충청남도 부여군 부여읍 현북리 임강부락에 위치하고 있다. 충청남도 기념물 제34호로 지정된 절터이다.

절의 이름이나 유래가 전해지지 않는 백제시대의 폐사지이기도 하다. 현재 사역 내에는 민가 및 민묘가 자리를 잡았고, 사역의 북쪽에는 국사봉이 있다. 오른쪽 용두봉 외곽에는 무명의 산봉이 서로 마주보고, 남쪽으로는 백마강이 흘러 마치 사지를 병풍으로 에워싼 듯한 지형의 대지 위에 조성되었다. 건물도 지형에 맞게 배치되었던 것으로 여겨진다.

1964년 동국대학교박물관이 일부 지역에 대한 발굴조사를 실시하였

다. 사역은 동서로 길게 쌓은 석축
을 경계로 상·하 2단으로 구분되
고, 민묘 근처가 절의 중심지로 보
인다. 석축의 아랫단 민묘 주변에
서 건물지 흔적을 찾아냈다. 이때
한변 길이 85㎝ 정도의 방형초석

임강사지

이 3, 4개가 발견되어 석축의 위쪽이 금당지로 여겨진다.

　이곳에서 출토된 유물로는 연화문 수막새, 치미편, 토제불상편, 금동
금구, 탑의 상륜편, 석제용기·방형초석 등이 있다. 특히 방형초석의
경우는 익산 미륵사지의 초석과 비슷하였다고 전한다. 또한 연화문와
당은 8엽에 5개의 연자가 들어가 군수리 사지와 동남리사지에서 출토
되는 유물과 일치한다. 그래서 6세기 중엽에 창건되었을 것으로 짐작할
수 있다. 한편 사지의 동남쪽 산기슭에서는 부소산 폐사지에서 발견한
연화문와당의 제작소였을 가능성이 높은 가마터가 발견되었다. 이는
사지와 함께 체계적인 학술조사가 필요하다.

공주 남혈사지(公州 南穴寺址)

　충청남도 공주시 금성동에 위치한 폐사지이다. 충청남도 기념물 제35
호로 지정되었다.

　이 절터는 공주시(公州市) 서쪽 중간에 자리하고 있다. 서북쪽으로 망
월산(望月山) 서혈사지(西穴寺址)와 마주하는 지역이다. 석굴의 입구 앞

서쪽으로 계단식의 대지가 펼쳐졌다. 이 절터는 탑지를 중심으로 보면 동남쪽을 향하고 있다. 원래 자리에서 나앉은 주초와 우물 자리를 잡은 이 절터에서는 통일신라(統一新羅) 이후의 각종 기와편이

공주 남혈사지

출토되었다. 동쪽의 석굴은 자연동굴로서 전체 길이가 26m에 이른다. 전실과 후실로 구분되고 전실에서 일제시 약 20㎝의 보살입상을 주운 일이 있다고 한다. 북쪽 벽에는 불상을 안치하였던 것으로 보이는 층대가 있다. 서혈사(西穴寺)와 더불어 백제시대에 창건된 사찰로 짐작되지만, 확증할 만한 자료는 없다.

공주 수원사지(公州 水源寺址)

충청남도 공주시 옥룡동 월성산의 서북쪽 산기슭에 위치한 폐사지이다. 충청남도 기념물 제36호로 지정되었다.

수원사(水源寺)는 『삼국유사』에 기록된 미륵선화(彌勒仙花)의 내용으로 미루어 백제 위덕왕(威德王, 554~598)시대에 창건된 사찰임이 분명하다. 방형의 탑지는 지대석을 기준으로 한 변의 길이가 3m에

공주 수원사지

이른다. 주초의 일부와 기와편, 납석제소탑, 석불두 등의 출토유물은 통일신라시대의 것으로 보인다. 현재 온통 밭을 이룬 절터에는 탑지 대석과 석재 일부가 지상에 남아있다.

공주 서혈사지(公州 西穴寺址)

충청남도 공주시 웅진동 망월산의 동쪽 산록에 위치한 폐사지이다. 충청남도 기념물 제37호로 지정되었다. 이 절터에서는 '서혈사(西穴寺)'라 적힌 명문 기와와 백제의 전형적인 연꽃무늬 와당이 출토되어 백제 때 지은 절로 추정된다. 이 밖에 통일신라와 고려시대의 각종 기와류, 석탑부재, 초석들이 나왔다.

서혈사터는 완만하게 경사진 밭을 3단계로 구분하여 석축을 쌓고 지었던 것으로 보인다. 조사된 내용에 의하면, 남쪽을 향한 탑이 불당과 함께 직선상에 배치되었던 것으로 밝혀졌다.

이 절터와 관련이 있는 석굴사원은 자연적인 동굴을 이용하여 승려의 수도장을 만들었던 것으로 보인다. 크기는 길이 8m, 높이 4.5m, 폭 17m의 규모이다. 북쪽 벽에는 불상을 안치하였던 것으로 보이는 층대가 있다. 이 석굴에서는 통일신라시대 석조불상 3구가 발견되어 후대에 수도장을 다시 손질한 것으로 보인다

공주 서혈사지

공주 구룡사지(公州 九龍寺址)

공주 구룡사지

충청남도 공주시 반포면 상신리에 자리했다. 북으로 뻗은 계룡산 중턱의 폐사지인데, 충청남도 기념물 제39호이다.

마을에는 많은 석조물 조각들이 흩어져 있으며, 주변에서 '구룡사'라고 찍힌 기와조각이 발견되어 '구룡사터'로 부르게 되었다. 절의 입구에는 당간지주가 우뚝하다. 주춧돌과 장대석, 부도의 받침돌이 남아 있었는데, 현재 국립공주박물관으로 옮겨 놓았다.

당시 규모가 큰 절이었음을 추정할 수 있으며, 백제와 통일신라시대의 유물들로 보아 본래의 절은 백제 후기나 통일신라시대 전기에 만든 것으로 보인다.

용정리사지(龍井里寺址)

충청남도 부여군 부여읍 용정리 중심부 청마산성의 입구에 위치한 사지이다. 충청남도 기념물 제48호로 지정되었다.

사찰의 이름이나 유래가 전혀 전해지지 않는 폐사지이기도 하다. 오래 전부터 연화문와당 등 백제시대 와당이 다량 출토되었고, 초석과 건축용 석재 일부가 드러나 백제시대의 사지로 보았다. 그런데 1979년 경 작주의 부주의로 유적의 대부분이 파괴되었다. 1991년과 1992년 국립부여문화재연구소에서 발굴조사에 나서 목탑지를 비롯한 금당지 등의 유구를 확인하였다.

목탑지는 회손이 심하여 토층조사를 통하여 축성의 특징을 살펴보았다. 이때 점토와 사질토 그리고 금속판 등으로 판축하여 조성되었다는 사실이 확인되었다. 성토층의 윗면에서 지하 3.5m까지 계단식으로 땅을 파내려 간 다음, 약 40단 정도를 정교하게 판축하였다. 또한 최하층에서 높이 1.6m와 2.6m쯤을 올라와서 산화철로 이루어진 두께 0.5~1.0㎝의 얇은 토층을 찾아냈다. 이를 분석한 결과 이 층은 금속판을 깔아 판축했음이 판명되었다. 지금까지 판축에 금속판이 사용된 것은 보기가 퍽 드문 예에 속한다. 땅의 습기가 위로 상승하는 것을 방지하고 판축층을 견고히 하기 위한 시공법으로 추정된다. 탑지의 기단 규모는 길이 18.5m, 높이 1.5m인 비교적 높은 기단이었는데, 심초부의 흔적은 확인되지 않았다. 기단의 높이로 보아 금강사지 목탑지와 같이 2중기단인 것으로 추정되었다.

금당지는 기단 밑의 부석열로 보아 동서가 약 30.75m, 남북이 20.19 m, 탑과 금당지 간의 중심거리는 46.55m로 계측되었다. 금당지는 원래 기단 위에 약 1.4m를 더 넓혀서 다시 재건하였던 것으로 밝혀냈다. 목탑지의 남쪽에 인

용정리사지

접한 민가가 당시의 중문지로 짐작하였다.

사역 내에서 출토된 유물로는 연화문수막새를 비롯하여 무문·선문의 평기와편, 토기편 등을 들 수 있다. 연화문수막새는 연판의 끝이 뾰족하게 반전하고, 자엽의 볼륨이 매우 높은 형태로 6세기 이른 시기의 특징을 보이고 있다.

동남리사지(東南里寺址)

충청남도 부여군 부여읍 동남리 211-1외 25필에 위치한 백제시대의 사지이다. 충청남도 기념물 제50호로 지정되었다.

절의 유례나 이름이 전해지지 않는 폐사지이며, 동남쪽에 군수리사지와 궁남지가, 서쪽에 부여나성이 위치하고 있다. 1938년 일본인 이시다[石田茂作]에 의하여 발굴조사되었고, 1993년에는 충남대학교박물관이 2차 발굴조사에 나섰다.

이시다의 보고서에 의하면 금당지는 동서 100자, 남북 70자의 기단은 남았으나, 그 위의 초석이나 적심석은 없었다고 한다. 기단 앞면 외곽에서 낙수를 받기위한 산돌을 깔았던 자리가 확인되었다. 금당지 기단에서 북으로 70자 떨어진 강당지는 전면 174자, 남북 70자 크기의 집자리로 밝혀졌다. 그 기단 전면에도 금당과 마찬가지로 너비 3자폭으로 잡석을 깔았고, 또 금당과 강당 사이에도 돌을 깐 도로가 있다. 중문지는 금당지 남쪽으로 70자 떨어져 있고 규모는 동서 56자, 남북 40자이다. 중문의 좌우에 남회랑이 연결되었다.

회랑은 중문에서 동서로 약 90자쯤 떨어져서 북으로 꺾여 220자 정도를 나가다가 강당지 옆의 작은 집자리로 이어졌다. 회랑폭은 23자이다. 남회랑을 관통하는 판석제의 배수유구가 조사되었다. 강당지 양쪽의 소형건물지는 동·서회랑의

동남리사지

연결선상에 있다. 소형건물지의 규모는 동서 36자, 남북 44자로 추정된다.

충남대의 조사에서 금당지 기단 내부는 생토층을 방형으로 파내고, 그 안에 순수한 점토를 다져 만든 방형다짐토 유구가 확인되었다. 방형유구는 남북 측면에 4열, 동서 전면에 5열 등 모두 20개가 드러났다. 이들 유구는 초석을 놓기 위한 기초시설로 짐작되었지만, 회랑유구는 확인되지 않았다. 사지는 남북을 축으로 하여 중문-금당-강당만이 배치되었다. 그러나 탑이 없는 무탑식이어서 전형적인 일탑일금당식의 백제사찰과는 다른 배치를 보여주고 있다. 하지만 강당지 좌우에 종루지 혹은 경루지로 추정되는 소형건물지가 조사되어 군수리사지와 유사한 점이 보였다. 탑이 없는 대신 금당 앞에 석조 2개가 위치한 것이다.

사역 내의 출토유물로는 '천왕(天王)' 명 와편을 비롯해 연꽃잎이 9개가 들어간 특이한 수막새, 납석제불상조각, 와제광배편 등이 있다. 그리고 2차 조사시에서는 고배, 개배, 완 등의 각종 토기와 중국제 청자

편이 수습되었다.

동남리 전천왕사지(東南里 傳天王寺址)

충청남도 부여군 부여읍 동남리 금성산의 서남쪽 기슭에 위치한 백제시대의 폐사지인 이 절터는 충청남도 기념물 제53호로 지정되었다.

절의 이름이나 유례가 전해지지 않는 폐사지로 1944년 일부 사역에 대한 수습조사가 이루어졌으나, 보고서가 발간되지 않아 정확한 내용은 알 수 없다. 또한 사역의 하단부가 대지 조성을 위해 짤려 나가 전모를 살피기란 불가능하다. 1989년에 실시된 재조사에서 그 규모가 약간 확인되기는 했지만, 폐사지로 볼만한 유구나 우물이 보이지 않아 성격에 대한 논의는 계속되고 있다. 이 폐사지의 구아리 우물터에서 '천왕(天王)' 명 수키와가 출토되어 구아리 백제유적(전천왕사지)과 구별하는 '동남리 전천왕사지'라는 이름이 붙었다.

유적의 조사 결과 2중기단으로 조성된 건물지 1기만 확인되었는데, 남북을 중심으로 건물이 배치되었다. 1층기단은 기와를 쌓아서 만든 와적기단으로 동서 18.04m, 남북 14.72m, 높이 45cm였다. 와적기단은 풍화암반층을 'ㄴ'자형으로 파내고 점토를 이용하여 매우 견고하게 쌓았다. 이 건물지는 고려시대까지 계속 사용되었기 때문에 통일신라·고려시대의 기와도 일부 포함되어 있었다. 2층기단도 1층기단과 마찬가지로 풍화암반층을 파내고 작은 막돌로 구획을 정하여 기단을 축조하였다. 크기는 동서 13.5m, 남북 12m, 높이 10cm 내외이다. 건물이 2중

동남리 전천왕사지

기단이어서 기단과 기단 사이는 퇴칸 혹은 차양칸으로 사용되었을 것으로 추정된다. 2층기단의 경계 지점에는 원형 초석이 보인다. 이 초석의 배치로 미루어 정면 7칸, 측면 5칸의 건물지임이 확인되었다.

1955년 사역의 동북쪽 인접지에서 발견된 백제시대의 청동제 소탑 1점을 비롯하여 연화문 와당, '천왕(天王)'명 기와편, 상자형 전 등이 사역 내에서 출토되었다. 이 중 청동제 소탑은 고대건축 연구에 중요한 자료를 제공해주고 있다.

부여 부소산성 서복사지(扶餘 扶蘇山城 西覆寺址)

부소산의 서남쪽 기슭에 위치한다. 백제시대의 절터로 일명 부소산폐사지라고도 부른다. 정확한 사명이나 유래가 전해지지 않는 폐사지이다. 충청남도 시도기념물 제161호로 지정되었다.

1942년 일본인 요네다 미요지[米田美代治]와 후지사와 가즈오[藤澤一夫]가 발굴조사에 나섰으나, 보고서가 발간되지 않아 그 전모를 살필 수 없어 1980년 재조사가 이루어졌다. 이 재조사에서 중문-목탑-금당이 회랑으로 둘러싸여 남북자오선상에 배치되었고, 강당이 없는 특수한 형태의 가람으로 확인되었다. 강당이 없다는 점은 출토유물과 더불

부여 부소산성 서복사지

어 가람의 성격을 규명하는데 시사하는 바가 매우 크다. 또한 금당지의 와적기단이 확인되었는데, 이는 군수리사지의 와적기단과 더불어 백제시대 기단 연구에 귀중한 자료가 되고 있다.

이처럼 강당이 없는 이유는 예초부터 강당이 필요 없었거나, 강당을 세우기 전에 불사가 중단되었기 때문인 것으로 짐작할 수 있다. 또 심한 경우는 벅제의 멸망으로 더 이상 불사를 추진할 힘을 잃었을지도 모른다. 그러나 주변의 지형상 처음부터 강당이 생략되었을 가능성도 없지는 않다. 이 사찰은 관북리 일대를 왕궁지로 추정할 때 왕궁과의 거리나, 부소산성의 위치로 보아 일반적인 성격의 사찰과는 거리가 멀어 왕실의 기원사찰일 가능성도 있다.

출토유물로는 연화문와당, 인장와, 금동풍탁, 벽화편, 소조불상편, 와당, 치미, 금동제 과판, 석제 동단 등이 있다. 특히 목탑의 심초석 주변에서 수습된 금동제 과편은 일본의 정창원 소장 금동제 과판과 같은 종류의 것이다. 출토된 연화문와당으로 보아 이 절의 창건시대는 사비시기의 후기인 7세기로 추정되고 있다.

부여 가탑리사지(扶餘 佳塔里寺址)

부여의 금성산 남동 산기슭에 위치한 백제시대의 폐사지이다. 절의 유

래나 성격등이 전혀 전해지지 않
는다. 1938년 일본인 이시다[石田
茂作]와 사토오[齊藤忠]에 의해 조
사되었으나, 이는 발굴조사가 아
닌 시굴조사였다. 현재 향토유적
제52호로 지정·보호되고 있다.

부여 가탑리사지

시굴 결과 견물지 1기가 확인되
었는데, 동서 13.86m, 남북 9.8m의 규모였다. 건물지의 둘레에는
0.33m 정도의 너비로 산돌을 깔았다. 중앙에 남북으로 석열을 두어 사
역을 둘로 나누었다. 조사된 건물지 앞으로 한단 낮은 평지에도 절터의
건물지 유적이 자리했던 것으로 보인다. 이 자리에서는 연꽃무늬 와당
편, 치미편, 상자형 전돌 등이 발견되었다. 주변 민가에는 절터에서 옮
겨다 놓은 것으로 짐작되는 방형, 원형의 초석들이 있다. 이 밖에도 백
제의 석등받침과 통일신라시대의 부도가 일부 수습되었고, 금동제 불
상편이 발견된 것으로 알려져 있다.

전면 발굴조사가 아닌 시굴조사여서 유적의 정확한 성격 규명은 어렵
다. 그러나 금성산 일대에서 발견된 여타 사지들로 미루어 이 역시 사
지로 추정하고 있다.

사자사지(獅子寺址)

전라북도 익산시 금마면 신용리 미륵산의 정상부근에 위치한 백제시

대의 사지이다. 전라북도 기념물 제104호로 지정되었다.

사자사는 미륵사보다 앞서 창건된 사찰이었다. 백제의 무왕과 선화비가 이 절로 행차하던 중 용화산 아래 연못에서 미륵삼존불이 나타난 것을 계기로 '미륵사'를 창건하였다고 한다. 미륵사 창건의 계기를 마련해 주었다는 점에서 백제 불교사상의 중요한 근간으로 삼았던 이 절의 위치를 놓고, 오랫동안 논란이 일었다. 그러나 1993년 발굴조사에서 기와조각들이 발견되어 사자사터임을 확인한 바 있다.

현재에는 옛 모습은 찾을 수가 없고 석가모니불을 모신 대웅전과 스님들이 기거하는 요사채, 그리고 창고 등이 있었고, 대웅전 앞에 석탑 1기가 자리하였다.

사자사지

4. 기타 건축유적

부여 중정리 백제건물지(扶餘 中井里 百濟建物址)

충청남도 부여군 부여읍 중정리에 위치하였다. 백제시대의 유물이 나온 이 건물지는 충청남도 기념물 제54호로 지정되었다.

왕포리(旺甫里)와 중정리(中井里)의 경계인 구릉의 능선상에 자리를

잡았다. 장방형의 평탄한 대지에
위치하였고, 8엽단판연화문와당과
서까래끝기와, 주춧돌 등이 출토
된 건물지 이웃에서는 많은 기와
편을 수습하였다. 1978년 매장문
화재 신고로 알려진 이 유적은 규
모가 미상이나 대개 절터로 추정
하고 있다.

부여 중정리 백제건물지

부여 용정리 소룡골 백제건물지(扶餘 龍井里 소룡골 百濟建物址)

충청남도 부여군 부여읍 용정리에 위치한 백제시대의 건물터이다. 충
청남도 기념물 제86호로 지정되었다.

건물은 동남을 향해 앞 뒤로 2동을 배치한 형태이다. 남쪽 건물터의
기단은 자연석을 잘 다듬어 2~3단 쌓았다. 그리고 기단 앞에는 돌을 납
작하게 깔아 두었다. 북쪽 건물터
는 남쪽 건물터와 나란한 방향으
로 자리를 잡았다. 이 두 건물은
석재를 다듬은 솜씨와 출토유물로
보아 같은 시대에 만든 것으로 추
정된다.

연꽃무늬 수막새를 비롯하여 지

부여 용정리 소룡골 백제건물지

붕 용마루 양 끝에 놓았던 치미 조각을 비롯하여 기와 조각, 벼루, 등잔 외에 여러 가지 백제토기류가 출토되었다. 또 자배기 표면에는 '증(甑)'이라고 새긴 글씨가 들어가 있다.

부여지방에서는 비교적 큰 건물터에 속하나 나성 밖에서 규모가 큰 기와집이 나온 것이 특이하다. 출토유물로 보아 특수한 기능을 가졌던 건물로 추정된다.

부여 구아리 백제유적(扶餘 舊衙里 百濟遺蹟)

충청남도 부여군 부여읍 구아리에 위치한 백제 때 유적으로 '천왕(天王)'이라는 글자를 새긴 기와조각이 발견되었다. 천왕사터로 추정하는 곳이다. 충청남도 기념물 제88호로 지정되었다.

이 유적 발굴에서 남북방향으로 놓인 백제 때 우물 2기가 발견되었다. 돌로 만든 북쪽 우물은 평면 4각형에 깊이 270㎝이다. 위에서 깊이 70㎝ 정도되는 남쪽벽에 남쪽 우물과 연결되는 4각 홈통이 있다. 이 우물에서 360㎝ 떨어진 남쪽 우물은 평면 정4각형이고, 깊이는 270㎝이다. 위에서 아래로 깊이 90㎝까지 판자를 4단으로 쌓아 '井'자 모양으로 짜맞추고, 그 아래는 돌로 쌓았으며, 북쪽 우물과 연결된 홈통이 있다.

부여 구아리 백제유적

주변에서는 많은 양의 기와와 토기, 수막새, 목재 등 생활도구가 발견되어 주변에 건물이 존재했을 이 우물은 백제유적에서는 처음으로 발견되었다. 우물의 구조가 체계적으로 밝혀졌기 때문에 당시 생활유적의 구조를 연구하는데 중요한 자료가 되고 있다.

공주 정지산 백제유적(公州 艇止山 百濟遺蹟)

충청남도 공주시 금성동에 위치하였다. 충청남도 기념물 제147호로 지정되었다.

이 유적은 인접한 송산리고분군과 매우 밀접한 관련을 웅진시기 백제의 국가적 제사유적일 가능성이 높다. 내부시설물도 국내에서 최초로 조사된 특수한 구조물이어서 자료가 지극히 부족한 백제사 연구에 매우 귀중한 자료이다.

시설물은 기존의 가옥을 모두 철거한 후 능선을 깎아내고, 넓고 평탄한 대지에 만들었다. 공산성이 바라보이는 남동쪽으로는 약 세겹 내지 다섯겹의 나무울타리를 돌리고 송산리고분군쪽으로 연결되는 능선에 지었다. 그런데 약 1m 내외의 좁은 출입구만 남긴채 너비 5m, 깊이 2m 이상의 넓고 깊은 도량을 파고 내부에 몇 채의 건물을 축조하였다.

공주 정지산 백제유적

이 유적에서는 화려한 장식이 부착된 장고형 그릇받침 등 국자세자와 관련된 유물이 수습되었다.

군창지(軍倉址)

군창지

충청남도 부여군 부여읍 쌍북리에 취치한 창고터이다. 충청남도 문화재자료 제109호로 지정되었다. 백제 때 군대에서 쓸 식량을 비축해 두었던 이 창고터는 부소산 동쪽에 있는 부소산성의 중심부에 자리잡고 있다.

군창지는 1915년 땅 속에서 불에 탄 곡식이 발견되어 세상에 알려졌다. 1981년과 1982년 두 차례에 걸친 발굴조사로 건물터의 규모를 자세히 밝혀냈다. 백제 때부터 자리잡은 이 군창지는 조선시대에도 다시 이용한 것으로 보인다. 가운데에 공간을 두고 동·서·남·북으로 건물을 배치하여 'ㅁ'자 모양을 이루고 있다.

궁동유적

대전광역시 유성구 궁동 충남대학교 정문 옆 야산에 위치하였다. 선사시대인 청동기시대부터 백제시대에 걸친 유적이다. 대전광역시 기념물 제39호로 지정되어 있다.

  이 유적은 1999년 충남대학교박물관의 발굴조사로 전모가 밝혀졌다. 이 유적에서 확인된 유구는 청동기시대 주거지 13기·초기 철기시대 움무덤 1기, 원삼국시대 움무덤 16기, 백제시대 독무덤 1기·굴식돌방무덤 3기·돌덧널무덤 28기 등이다.

궁동유적

  청동기시대 취락지 조사에서는 이중구연(二重口緣), 단사선문(短斜線文)의 가락동식 토기 등이 나왔다. 그리고 장방형의 주거지를 특징으로 하는 청동기시대 전기의 장방형 집자리와, 송국리형 토기 및 원형의 주거지를 특징으로 하는 청동기시대 중기의 집자리가 동시에 조사되어 청동기시대 문화상의 변천을 규명할 수 있는 중요한 자료로 평가되고 있다.

  움무덤에서는 점토대토기와 흑도가 출토되었다. 궁동유적의 움무덤과 유사한 유적은 인접한 노은동에도 있다. 이 노은동 유적에서는 점토대토기를 부장한 움무덤 2기가 최근 조사되어 시기와 분포에서 밀접한 문화적 관련성을 시사하고 있다.

  원삼국시대 움무덤은 대부분 매장 주체부의 위쪽 경사면에 주구(周溝)를 설치한 형식이다. 이들 중 2기는 합장묘 형태를 이루었고, 주구에 옹관이 설치된 경우도 있다. 마한시대의 대표적인 묘제로 알려진 이 같은 형식의 묘제는 대전지역에서는 최초로 확인된 것이다.

　백제시대의 고분조사에서는 굴식돌방무덤, 앞트기식·구덩식 돌덧널무덤, 독무덤 등 다양한 묘제가 조사되었다. 이를 통해 당시 사회집단의 성격과 사회상을 파악할 수 있는 귀중한 고고학 자료가 확보되었다. 특히, 백제 사비기의 굴식돌방무덤은 원삼국시대의 주구토광묘와 더불어 대전지역에서는 최초로 조사된 것으로 그 자료적 가치가 높다.

불교미술
佛敎美術

1. 백제 불교미술 개관

백제시대의 조각품은 이웃의 다른 고대국가와 마찬가지로 거의 불상이 차지하고 있다. 비록 토기나 도기 혹은 토우에 조각적인 수법이 나타나기도 하지만, 이는 치기 어린 괴기성이 보존되었을 뿐 아직 본격적인 조각으로 발전하지는 못했다. 그러나 불교가 전래되면서 사원에 안치할 불상이 필요하게 되었다. 그래서 웅진시대부터 불상을 짓는 조각이 본격적으로 나타나기 시작하였다.

백제의 불상으로는 금동불과 석불, 그 밖에 납석불 등 다양한 편이다. 가장 연대가 오랜 불상은 서울 뚝섬에서 발견된 선정인좌상이다. 그러나 이 불상은 중국 서북지방에서 만든 전래품일 것으로 짐작된다. 이후 백제는 금속공예기술을 바탕으로 중국 북위(北魏) 내지 동위(東魏)시대의 불상양식을 소화하여 훌륭한 불상을 만들었다. 머리에 삼면보관(三面寶冠)을 쓴 부여 규암면(窺岩面) 신리(新里) 출토의 금동보살입상이

양식상 뚜렷한 특색을 보인다. 부여 군수리사지(軍守里寺址) 출토 금동 미륵보살입상은 온화한 미소에서 날카로운 천의(天衣)의 표현까지 적절한 신체의 비례 등 백제 특유의 정채를 보여주고 있다. 이 밖에도 서산 (瑞山) 운산면(雲山面) 보원사지(普願寺址) 출토 금동여래입상, 규암면 출토 금동관음보살입상, 부여 부소산(扶蘇山) 사비루(泗泚樓) 부근에서 출토된 금동석가여래입상 등이 손꼽을 만하다. 특히 마지막으로 열거한 불상의 광배(光背)에는 정지원(鄭智遠)이 죽은 처를 추복하기 위해 만들었다는 명문이 들어가 유명하다.

그러나 백제불상을 대표하는 미술품은 현재 국보 제83호로 지정받은 '금동미륵보살반가상'이라 할 수 있다. 소년의 앳된 얼굴엔 잔잔한 미소가 흐르고 검지와 중지를 살짝 뺨에 대어 표정이 골똘하다. 그리고 오른쪽 다리를 굽혀 왼쪽 무릎에 얹었는데, 발목으로 내려온 왼손의 마디에는 생동감이 넘친다. 또한 대좌에 늘어뜨려진 보살의 옷자락은 하도 유연하여 미풍에 약간 휘날리는 듯하게 보인다. 전체적으로 풍부한 양감이 풍겨나는 이 사유상은 일본의 교토[京都] 고류지[廣隆寺]의 목조사유상(木造思惟像)과 흔히 비교된다.

백제인들은 희고 약간의 빛을 발산하는 납석에도 불상을 조각했는데, 이는 옥제불상의 효과를 기대한 때문인 듯하다. 이 납석제 불상으로는 군수리사지(軍守里寺址) 출토의 여래좌상과 정림사지(定林寺址) 출토 삼존불좌상(파편)이 있다. 예산(禮山) 봉산면(鳳山面) 화전리(花田里)의 사면석불은 거대한 납석덩어리의 네 면을 다듬어서 불상을 새긴 특이한 것이다. 이 밖에도 부여에서 출토된 것으로 알려진 활석제 쌍수하이불(雙樹下二佛)은 여래와 보살이 병립한 특이한 배치를 보여준다.

석불은 서산(瑞山) 태안면(泰安面)과 운산면(雲山面)의 두 곳에 남아 있다. 모두 마애삼존석불이다. 운산면 용현리(龍賢里) 가야협(伽倻峽)의 속칭 인바위[印岩]의 마애불은 높이 2.8미터의 거대한 여래입상을 주존으로 그 오른쪽에 보주를 든 보살입상을, 왼쪽에 반가사유상을 배치한 삼존불이다. 그리고 태안면 동문리(東門里) 백화산성(白華山城) 밑 태을암(太乙庵)의 삼존불은 중앙의 작은 보살입상을 중심으로 좌우에 우람한 모습의 여래입상(아미타상과 약사여래)을 배치한 특이한 형식을 보여주고 있다.

이 중 서산(瑞山) 마애불은 당당한 체구에 얼굴모습이 원만하여 중후한 느낌을 안겨준다. 양식상으로 볼 때 금동불상이 한층 발전하는 7세기 초의 작품으로 짐작되고 있다. 특히 넓적한 얼굴에 눈을 크게 뜨고 쾌활하게 웃는 모습은 미술사가들이 즐겨 표현하는 이른바 '백제의 미소'의 전형이 되었다. 백제인의 여유와 그 문화의 난숙함을 상징하는 듯하다. 이와 같이 서산지역에 우수한 삼존석상이 만들어진 까닭은 웅진·사비시대 백제의 중국 문물 수입의 요충지로 문화적 선진지역이었기 때문일 것이다.

백제의 조각품으로 주목할만한 작품으로는 무령왕릉에서 나온 석수를 꼽을 수 있다. 이 동물조각은 뿔과 날개를 가진 괴이하고 신비스러운 짐승을 형상화한 것이다. 비록 같은 시대 중국에서 유행한 이른바 진묘수의 영향을 받았다고는 하지만, 중국의 것이 토도제인데 반하여 백제의 석수는 돌로 만들었거니와, 두상의 독각을 별도의 철판으로 제작했다는 독자성을 보여준다. 또한 이 석수는 부드러운 선 등 백제조각의 특징을 잘 나타냈다. 또한 부여 궁남지(宮南池)에서 나온 새 모양의 목제 조각품도 뛰어난 것이다.

2. 불상

금동미륵보살반가상(金銅彌勒菩薩半跏像)

서울특별시 용산구에 위치한 국립중앙박물관 소장품이다. 아름답기 그지없는 이 금동반가상은 국보 제83호로 지정되었다.

금동미륵보살반가상(金銅彌勒菩薩半跏像, 국보 제78호)과 함께 국내 최대의 금동반가상이기도 하다. 두 작품의 기본형은 서로 다른 점이 없으나, 조형감각과 세부기법만큼은 차이가 난다. 국보 제78호 반가상이 직설적이고 날카로운 장식적 기교를 함축했다면, 이 금동미륵보살반가상은 풍요 원만한 지체에 간소 명랑한 표현형식을 가미하여 오히려 감각적인 생동미를 불어넣었다.

머리에는 조그맣고 둥근 삼산관(三山冠)을 쓴 이 보살의 얼굴은 거의 원에 가까울 정도로 풍만하다. 눈은 가늘고, 눈썹은 아름다운 고선을 그렸다. 그리고 눈두덩과 입가에는 미소가 어렸으며, 길게 늘어진 귓불에는 구멍이 뚫렸다. 상반신은 전라의 모습인데, 목에 2줄로 표현된 목

걸이가 걸려 있을 뿐 아무런 장식
도 없다. 왼발은 내려서 작은 연꽃
대좌를 밟고, 오른발은 그 무릎 위
에 얹어 놓았다. 왼손은 왼발의 종
아리 부분을 살짝 잡아 자세의 안
정성을 추구하였고, 오른손은 팔
꿈치를 오른다리의 무릎에 얹은
후 손가락으로 턱을 살며시 괴어
사유하는 모습을 표현하고 있다.

아랫몸을 덮은 하상은 매우 얇아
서 충실하게 표현한 아랫몸이 확

금동미륵보살반가상

연하게 드러난다. 쌍판 복련의 대좌를 덮은 옷주름이 깊고 자연스럽게
표현되어 연화대가 거의 다 드러났다. 왼쪽으로 규옥을 맨 상의(裳衣)
띠가 내려가고 있다. 뒷머리 부분에 긴 촉이 달린 것을 보면, 원래 광배
가 있었던 것 같다. 온몸에는 도금한 위에 칠금을 올렸던 듯 금빛이 은
은하다.

1963년 방사선 투과법을 사용한 조사에서 머리 부분에서 몸통에 걸쳐
4각 막대기의 지주가 박힌 것을 확인하였다. 또 왼발 부분에는 보수한
흔적이 보였는데, 못으로 연결되어 있음을 알았다.

이 불상은 막연히 경주(慶州) 오릉(五陵) 근처 절터에서 발견된 것이라
고 전하나 근거는 없다. 그래서 이 보살상의 유래를 알길은 없지만, 조

각수법으로 보아 국보 제78호 반가상보다 연대가 내려와, 삼국 말기에 가까운 어느 시기에 만든 것으로 추정하고 있다.

서산마애삼존불상(瑞山磨崖三尊佛像)

충청남도 서산시 운산면 용현리에 위치하였다. 마애삼존불로 국보 제84호로 지정되었다. 백제의 미소로 널리 알려진 이 서산마애불(瑞山磨崖佛)은 태안마애삼존불(泰安磨崖三尊佛)(보물 제432호)과 함께 암벽을 조금 파고 들어가 불상을 조각한 것이다. 그리고 앞쪽에 나무로 집을 달아냈다. 이는 마애석굴 형식의 대표적인 예로 손꼽히고 있다.

삼존불은 가운데 부처를 중심으로 좌우에 보살입상과 반가사유상이 배치한 특이한 삼존형식의 마애불이다. 법화경에 나오는 석가와 미륵, 제화갈라보살(提和渴羅菩薩)의 수기삼존불(授記三尊佛)을 표현한 것으로 보인다.

본존불은 당당한 체구에 둥근 맛이 감도는 윤곽선이 드러나 묵직한 인상을 풍기며, 보살상에는 세련된 조형이 함축되었다. 그런데 이들 불·보살상에 나타나는 공통적 특징은 쾌활한 인상이라 할 수 있다. 이 같은 점으로 미루어 제작 시기는 6세기 말이나 7세기 초로

서산마애삼존불상

보인다.

특히 이 지역은 백제시대 중국 교통로의 중심지인 태안반도에서 부여로 가는 길목에 해당한다. 그래서 이 마애불은 당시의 활발했던 중국과의 문화교류의 분위기를 엿보게 하는 걸작의 불상이 틀림없다.

계유명전씨아미타불삼존석상(癸酉銘全氏阿彌陀佛三尊石像)

충청북도 청주시 상당구 명암동의 국립청주박물관이 소장한 작품이다. 국보 제106호로 지정되었다. 충청남도 연기군 비암사에서 발견한 이 삼존석상은 4각의 긴 돌 각 면에 불상과 글씨를 조각한 비상(碑像) 형태를 이루었다.

정면의 가장자리를 따라 테두리를 새기고, 그 안쪽을 한단 낮게 하여 아미타삼존상을 조각하였다. 커다란 연꽃 위에 마련한 사각형 대좌에 앉은 본존불의 얼굴이 갸름하다. 건장하면서도 안정된 자세의 신체를 한 부처는 설법할 때의 손모양인 이른바 전법윤인(轉法輪印)을 하고 있다. 손은 비교적 크게 표현되어 삼국시대 이래의 전통을 따랐음을 알 수 있다. 양 어깨를 감싼 옷은 사각형의 대좌를 거의 덮었으며, 대좌 밑의 좌우에는 사자상을 배치

계유명전씨아미타불삼존석상

하였다. 둥근 머리광배는 3줄의 동심원 안에 연꽃이 장식되었다.

사자 등위의 연꽃무늬 대좌 위에 선 협시보살상은 본존불 쪽으로 몸을 약간 튼 자세를 하였다. 얼굴은 훼손이 심하여 알아볼 수 없으나, 연꽃이 새겨진 둥근 머리광배가 남아있다. 본존불과 협시보살의 어깨 사이에는 나한상이 얼굴만 내밀고 있으며, 협시보살상의 양 옆에는 인왕상이 서 있다. 불상 위로는 불꽃무늬가 새겨진 광배가 이중으로 자리를 잡았는데, 안쪽의 광배에는 5구의 작은 부처를 새겼다. 광배 밖의 좌우 공간은 한층 더 낮추어 비천상을 두었다.

양 측면의 하단에는 정면을 향한 용머리를 조각하고, 그 위로는 연꽃 위에서 악기를 연주하는 주악인상을 표현하였다. 뒷면은 4단으로 나누어 각 단마다 5구씩의 작은 부처가 들어앉았고, 불상 사이사이에 사람의 이름과 관직을 새겨 넣었다.

조각이 정교하면서도 장엄하며, 세부 양식에서는 옛 형식을 남겼다는 점이 계유명삼존천불비상(국보 제108호)과 비슷하다. 만든 연대는 삼국 통일 직후인 문무왕 13년(673)으로 추정된다.

계유명삼존천불비상(癸酉銘三尊千佛碑像)

충청남도 공주시 중동에 위치한 국립공주박물관의 소장품이다. 국보 제108호로 지정되었다.

이 비상은 충남 연기(燕岐)지방에서 발견된 비상 가운데 가장 오래되고 큰 작품이다. 낮은 기단 위에 직사각형의 비신을 세웠고, 비신 위에

지붕돌을 올린 전형적인 비상 형
태를 하고 있다. 비신부는 4면으
로 이루어졌는데, 앞면 하단부 중
앙에 큼직한 삼존좌불상을 새겼
다. 그리고 협시보살 좌우에 비상
을 지은 연유를 적은 조성기를 새
겨 넣었다. 머리 위로는 작은 불좌
상들을 9단에 나누어 촘촘히 표현
하였다.

계유명삼존천불비상

이 작은 불상들은 좌우측면과 뒷
면 그리고 지붕돌에까지 들어 있
다. 깨어진 지붕돌을 넣어 계산한다면 900여 구가 넘는 불상이어서 천
불(千佛)을 나타낸 것으로 생각된다.

앞면의 삼존불좌상은 비상의 주존불인데, 본존불은 상현좌 위에 결가
부좌로 앉아 있다. 좌우보살상은 입상으로 삼각형구도를 보여 준다. 모
두 연꽃대좌와 보주형광배를 나타내었다. 본존불의 다소 딱딱해진 정
면성과 협시상들의 고졸성 등을 고려하면, 삼국시대 백제불양식(百濟佛
樣式)이 짙게 밴 것을 알 수 있다.

이는 명문에 보이듯이 신라 문무왕(文武王) 13년(673)에 백제 유민들
이 그들의 선조를 위하여 조성하였다는 사실과 더불어 이 비상의 역사
적 의의를 잘 설명하는 것이다.

공주 의당 금동보살입상(公州 儀堂 金銅菩薩立像)

충청남도 공주시 내의 국립공주박물관이 소장한 보살입상이다. 국보 제247호로 지정되었다. 1974년 공주군 의당면 송정리의 한 절터에서 나온 보살상으로 높이는 25㎝에 이른다.

삼면보관을 쓴 불상의 얼굴(상호)은 거의 사각형에 가까운 풍만한 모습이어서 백제보살상의 공통된 특징인 편평한 인상을 드러냈다. 보관 중앙에 화불(化佛)이 보여 관음보살(觀音菩薩)임을 알 수 있다. 이 보살상은 천의가 고식과는 달리 옷자락이 배부분에서 'X' 자로 교차되어 양쪽 팔을 걸치고 나서 다시 아래로 부드럽게 흘러내려 대좌에까지 이르고 있으며, 귀를 덮은 보발은 어깨 아래까지 늘어졌다. 목에는 목걸이가 표현되었고, 그 목걸이에 연결된 영락대가 가슴아래로 내려오다가 두 갈래로 갈라져 양쪽 무릎까지 닿았다. 상의 뒷면에도 이와 거의 유사한 영락이 장식되었다. 양쪽 손목에 팔찌를 두르고 오른손을 들어 가슴 부분까지 올린 상태로 살짝 연봉을 잡았으며 아래로 내린 왼손은 보병을 잡고 있다. 대좌는 원형대좌인데, 8개의 복련을 단판으로 새겼다.

공주 의당 금동보살입상

이 보살은 비교적 안정되고 중후한 기법을 보인다. 둥글고 아담한 단판연화좌의 양식과 함께 백제 하에 해당하는 약 7세기경의 뛰어난 작품으로 주목할 만하다.

금동관세음보살입상(金銅觀世音菩薩立像)

서울특별시 용산구에 위치한 국립중앙박물관 소장품이다. 이 보살입상은 국보 제293호로 지정되었다. 1907년 부여 규암리 절터에 묻혔던 무쇠솥에서 출토된 것으로 일본에 전하는 1구의 관음보살입상과 함께 발견되었다.

화불을 새긴 삼산보관을 쓴 머리 중앙에는 높은 보계가 있다. 얼굴은 갸름하고 작게 다문 입에는 부드러운 미소가 어렸다. 가늘고 날씬한 몸매여서 허리가 잘록한 데, 배를 약간 내밀었다. 그리고는 다리를 살짝 구부려 굴곡의 미까지 묘사한 기묘한 특성을 보여준다. 오른손은 어깨 위로 들어 엄지와 검지로 작은 보주를 살며시 잡았다. 왼손은 내린 채 어깨 뒤로 드리워진 천의자락을 잡아 아름다운

금동관세음보살입상

자태가 돋보인다. 두 어깨에서 내려온 영락장식이 배를 중심으로 'X' 자로 교차되었다. 이 영락은 두 무릎을 지나 뒤로 이어져 같은 방법으로 교차하고 있다.

몸을 세부적으로 섬세하게 묘사하지는 않았으나 전체적으로 세련미를 보이는 봉보주형(捧寶珠形) 금동관음보살상임은 틀림이 없다. 그래서 7세기 전반기의 발전된 백제조각양식을 보여주는 귀중한 자료로 평가받고 있다.

처음에는 보물 제195호로 지정되었으나, 1996년 11월 28일 일제지정 문화재 재평가에서 국보 제293호로 등급이 올라갔다.

익산 연동리 석불좌상(益山 蓮洞里 石佛坐像)

전라북도 익산시 삼기면 연동리 석불사에 위치한 석불좌상이다. 보물 제45호로 지정되어 보호를 받고 있다. 이 불상은 머리가 없지만, 불신, 대좌, 광배까지는 고스란히 남아있는 백제 때의 석불좌상으로 높이가 156cm에 이른다. 당당한 어깨, 균형잡힌 몸매, 넓은 하체 등에서 고졸한 활력이 넘친다. 다만 손가락을 구부린 두 손과 팔, 각진 무릎 등에서 다소 어색한 분

익산 연동리 석불좌상

위기가 우러나기는 한다. 그러나 통견의 법의를 무척 얇게 표현하여 신체의 굴곡이 얼마만큼 드러났고 듬성듬성한 '凸'형의 옷주름이 세련되게 표현되었다. 이와 더불어 거대한 광배와 큼직한 대좌가 장중하고, 옷자락을 드리운 상현좌의 주름에는 고졸한 아름다움이 배어 있다.

이 석불상은 장중하면서도 세련된 특징을 보여주는 600년경의 희귀한 백제불상이라는 점에서 자못 뜻이 깊다.

금동석가여래입상(金銅釋迦如來立像)

충청남도 부여군 동남리 국립부여박물관에서 소장한 이 여래입상은 보물 제196호로 지정되었다. 정지원(鄭智遠)이 세상을 먼저 떠난 부인을 위해서 헌납한 불상이다. 이 같은 불사는 고대의 모든 불교국가에서 공통적으로 유행했던 관습일 것이다. 이 같은 예로 금동계미명삼존불(金銅癸未銘三尊佛, 국보 제72호)이나 금동신묘명삼존불(金銅辛卯銘三尊佛, 국보 제85호) 등에서 살필 수 있다.

계미명이나 신묘명불에서는 중국 북조(北朝)양식이 보이고 있는데,

금동석가여래입상

이 석가여래입상에도 이 같은 양식이 스며 있다. 특히 긴 얼굴이지만 풍만해진 모습이라든지 뾰족하게 날리던 의문이 한껏 누그러진 양상은 신묘명불과 유사한 특징이기도 하나 시대적 하강을 의미하고 있다.

오른쪽 협시보살에서도 역시 본존불과 동일한 수법이 보인다. 길게 날리는 천의 자락이 광배의 가장자리를 이루고 있다. 왼쪽 협시 보살은 얼굴만 남고, 신체 부분은 떨어져 나갔다. 광배는 계미명 또는 신묘명불과 비슷한 주형거신광배(舟形擧身光背)이다. 큼직한 화염문들이 표현된 본존의 머리 위에는 합장하고 있는 화불이 1구 있다. 대좌는 단순한 형식이어서 연화문을 선각으로 쓱쓱 그었을 뿐이다. 본존의 두·신광이 단순화된 것과 함께 이 불상의 소박성을 더해 주고 있다. 광배 뒷면에는 '정지원위망처(鄭智遠爲亡妻) 조사경조금상(趙思敬造金像) 조리삼도(早離三塗)'라는 불상조성연기가 새겨졌다.

1916년 부여 부소산(扶蘇山) 송월대(送月臺, 현 사비루) 부근에서 발견한 이 석가여래입상은 백제 후기의 작품으로 추정된다.

군수리 석조여래좌상(軍守里 石造如來坐像)

충청남도 부여군 부여읍 동남리의 국립부여박물관이 소장하고 있다. 이 불상은 보물 제329호로 지정되어있다. 유백색납석(乳白色蠟石)으로 조각된 이 불상은 백제불상의 특징을 두드러지게 간직하고 있다.

소발의 머리에는 작고 팽이 같은 육계가 있다. 이는 초기 중국불(中國佛)의 영향이 강하던 시대의 수법과는 다르다. 얼굴은 둥글고 옷에 싸

여서 몸의 양감은 드러나지 않고,
발은 표현하지도 않았다. 좁아진
어깨라든지 양손을 배에 맞잡은
형식 등은 그대로 옛날 수법이다.

통견의 납의는 매우 두껍다. 앞
가슴이 조금 터진 자리에는 '만자
(卍字)'가 음각되었다. 계단식 의
문을 그리면서 내려오던 옷자락이
대좌를 덮어 상현좌가 되었다. 이
상현좌의 옷자락은 아직도 소박성
이랄까 탄력성이랄까, 그런 사실
감이 넘치고 있다.

군수리 석조여래좌상

대좌는 옷자락에 거의 가려 버렸지만, 조금 남은 부분은 돌을 그냥 4
각형으로 깎았다.

1936년 가을 부여읍(夫餘邑) 군수리(軍守里)의 백제절터를 조사했을
때 목조탑심 초석 바로 위 약 5피트 지점의 땅에서 출토되었다.

군수리 금동미륵보살입상(軍守里 金銅彌勒菩薩立像)

충청남도 부여군 부여읍 동남리의 국립부여박물관이 소장한 백제시
대의 불상이다. 보물 제330호로 지정되었다.

이 불상은 1936년 가을 부여 군수리(軍守里) 백제사지를 조사할 때 탑

군수리 금동미륵보살입상

심 초석 위에서 석조여래좌상과 함께 발견된 것이다.

머리에는 삼원식으로 장식된 보관을 쓰고 있다. 가운데 장식은 약간 떨어져 나갔고, 보발이 양 어깨 위로 치렁치렁 내려왔다. 둥글고 복스러운 얼굴에 웃음을 띠었다. 군수리석즈여래좌상(軍守里石造如來坐像, 보물 제329호)과 같은 계열이지만, 활달하지는 않다. 그러나 자연스러우면서도 깊은 웃음이 인상적이다. 이 웃음은 곧은 코와 내리뜬 눈, 살찐 두 볼 속에 묻히기는 하였다. 그러나 앙월형 입이 웃음을 한껏 받혀주어 인상적 미소가 살아났다. 백제인의 얼굴을 자못 사실화한 부처의 상호일 것이다.

몸은 두꺼운 옷에 싸여 있다. 그러나 비교적 그 볼륨이 뚜렷하여 강건하면서도 당당하다. 오른손은 무명지와 새끼손가락만 구부린 여원인(與願印)을 했고, 왼손은 손등을 보이면서 내리고 있다. 굵은 목은 삼도(三道)가 없이 그냥 가슴으로 내려왔는데, 하트형의 굵은 목걸이가 장식되었다.

천의는 두꺼운 편으로 'U'자형 음각선의 의문이 중첩식으로 표현되었다. 천의에서 주목되는 부분은 옆으로 뾰족하게 날리는 옷자락과 'X'자형으로 교차된 의문이다. 이 'X'자 의문은 북위(北魏) 이래의 고식이다. 이는 목걸이나 몸의 자세, 그리고 수인상 등과 함께 이 불상의 시대적 배경을 잘 나타내 주는 양식인 것이다. 그러나 옆으로 날리는 천의자락은 훨씬 누그러져 거의 장식에 그치고 말았다. 이러한 특징은 볼륨있는 몸이나 백제화가 두드러진 얼굴 때문이기도 한데, 시대는 6세기로 추정된다.

대좌는 복련의 중판연화문이 조각된 반원이지만 완전하지 못하다. 머리 뒤에는 광배 고리의 흔적이 보여 원래는 광배가 있었던 것으로 짐작된다.

기축명아미타여래제불보살석상(己丑銘阿彌陀如來諸佛菩薩石像)

충청북도 청주시 상당구 명암동 국립청주박물관이 소장중인 불보살석상이다. 보물 제367호로 지정되었다. 본래 비암사에 있던 3점의 비상(碑像) 가운데 하나이다. 배 모양의 큰 돌에 조각한 것인데, 앞면에만 조각이 보이고 뒷면에는 4줄의 명문을 새겼다.

부처와 보살의 모습이 여러번 변한 것처럼 보이는 형상이 비의 앞면에 나온다. 그래서 마치 극락세계를 돌 위에 표현한 것 같다는 생각이 든다. 맨 밑에는 연꽃을 둘러 석상 전체의 대석으로 삼고, 위에 난간과 계단을 놓았다. 그리고 더 위에는 물결무늬로 연못을 표현했고, 난간 좌우에는 사자를 서로 마주보게 배치했다. 중앙 연못의 큰 연꽃 위에는

기축명아미타여래제불보살석상

본존인 아디타불이 앉아 있다. 좌우에는 서 있는 자세의 여러 불상이 나열되어 엄격한 좌우대칭 수법을 따르고 있다. 크게 새긴 본존불의 옷은 양 어깨를 감쌌다. 오른손은 뚜렷하지 않으나 왼손을 가슴 아래에 들고 있다.

본존 좌우에는 보살상이 배치되었고, 그 사이에 열반의 경지에 든 성자 나한(羅漢)의 상반신만을 표현하였다. 보살상 옆에는 사나운 귀신인 야차상(夜叉像)이 한손을 들어 천궁을 받들고, 옆에는 수호신인 인왕상(仁王像)이 있다. 본존 위에는 반원 모양으로 5구의 작은 부처를 새기고, 그 위에 다시 7구의 작은 부처를 표현하였다. 이 불상들 사이에는 나뭇가지와 잎, 구슬과 장신구를 새겨 화려한 극락세계가 보인다.

신라 신문왕 9년(689)에 만들어진 것으로 짐작되며, 삼국시대의 불상 요소와 새로 들어온 당나라 요소가 혼합된 통일신라 초기 불상양식의 좋은 본보기가 되고 있다. 더구나 본존이 아미타불인 점으로 미루어 당시 신앙의 흐름을 이해하는데도 도움을 주는 작품이다.

미륵보살반가석상(彌勒菩薩半跏石像)

　충청북도 청주시 상당구 명암동 국립청주박물관이 소장했는데, 곱돌로 만든 이 석상은 보물 제368호로 지정되었다. 그 생김새가 탑비(塔碑)를 닮았다 하여 비상(碑像)이라고도 부른다. 아래쪽의 대좌, 중앙의 사면석, 위쪽의 덮개돌이 모두 하나의 돌로 이루어졌다. 'T'자형을 기본 골격으로 한 이 비상의 정면에는 왼발을 내리고 오른발을 왼쪽 다리에 올린 반가상을 크게 새겼다. 오른손을 들어 뺨에 대어 골똘하게 생각하는 이른바 사유상(思惟像)의 자세를 보이고 있는데, 머리에 화관을 쓴 보살은 목걸이와 구슬장식을 갖추고 있다. 양 측면에는 두 손에 보주를 들고 정면을 향한 보살입상을 새겨 반가상을 본존으로 삼아 3존형식을 표현코자 한 제작 의도가 보인다. 뒷면에 크게 새긴 보탑으로 미루어 정면의 반가상이 미륵보살을 형상화한 것으로 해석할 수 있다.

　4각형의 대좌에는 중앙에 둥근 화병을 놓고, 좌우에 꿇어 앉은 공양상을 조각하였다. 또 대좌의 양 측면에도 정면을 향해 꿇어 앉은 공양상이 들어 있다.

　이 석상은 삼국시대 우리나라에서 유행한 미륵신앙을 배경으로

미륵보살반가석상

발달한 반가사유상 양식의 귀중한 유품이기도 하다. 조각솜씨로 미루어 제작연대는 충남 연기군 비암사에서 함께 발견된 계유명전씨아미타불삼존석상(국보 제106호)과 같은 673년으로 추정된다. 백제가 멸망한 지 얼마되지 않은 시기에 그 영역에서 조성한 이들 석상은 백제의 석조미술 전통을 확인할 수 있는 자료이다.

태안마애삼존불(泰安磨崖三尊佛)

충청남도 태안군 태안읍 동문리 태을암의 마애불상이다. 보물 제432호로 지정되었다. 서해(西海)가 내려다보이는 백화산의 돌출한 바위에 돋을새김으로 새긴 이 마애불은 백제의 대표적인 불상으로 널리 알려져 있다.

태안마애삼존불

바위를 파서 감실(龕室)과 함께 부조로 조성한 이 불상은 우선 중국의 석굴 바깥벽에 새긴 불상들을 닮았다. 이 때문에 중국문화와의 해상교류 흔적 내지 중국 석굴의 영향을 받은 최초의 불상이라는 점에서 주목을 끌었다. 또한 석주에 새긴 예산사방불(禮山四方佛)을 제외하고는 돌에 새긴 불상으로 가장 오래된 작품이라는 사실도 간과할 수 없다. 팽이 모양의 육계, 강건한 얼굴, 당당한 신체와 묵중한 법의 등에서 6세기 후반기의 백제불양식을 잘 보여준다. 걸작품으로 높이 평가받는 것도 이 때문이다.

그뿐 아니라 중앙의 보살입상과 함께 좌우에 장대한 불상을 세운 삼존형식은 매우 특이한 것이다. 왜냐하면 이런 형식은 현재까지 발견된 세계 유일한 예가 되기 때문이다. 어떻든 강건하면서도 세련된 백제불상양식의 독특한 아름다움은 이 불상의 진가를 더 높여 주고 있다.

무인명석불상부대좌(戊寅銘石佛像附臺座)

충청남도 연기군 서면 월하리의 연화사가 소장한 석불비상이다. 보물 제649호로 지정되었다. 이 4면불비상은 다른 비상들과 비슷하게 신라 문무왕 18년(678)에 조성된 귀중한 작품이다.

4각형의 대좌 위에 비신(碑身)을 세운 형태로 정상부의 생김새로 미루어 지붕돌을 올려놓았던 것이 분명하다. 비신 밑쪽의 꽂이는 현 대좌와는 맞지 않아 원래의 대좌로 볼 수 없지만, 앙련과 복련으로 구성된 4각형 대좌는 같은 종류의 비상대좌로 생각된다.

앞면은 연줄기 위에 마련한 대좌에 앉은 본존불과 좌우에 선 보살상과 제자상을 각각 새겨 5존불구도를 보여주고 있다. 본존불은 마멸로 얼굴이 불분명하다. 그러나 건장한 신체, 두터운 통견의, ‘U’자형의 굵은 주름 등은 연기비상(燕岐碑像)의 특징을 잘 나타내고 있다.

뒷면에는 반가사유상(半跏思惟像)이 돋을새김으로 표현되었다. 그리고 좌우에 공양보살상(供養菩薩像)이 꿇어앉아 삼존구도를 보여준다. 얼굴들은 역시 마멸 때문에 잘 알 수 없지만, 다소 딱딱한 형태와 자세는 비암사(碑岩寺) 반가사유상과 일치한다. 둥근 연꽃광배(光背)와 연줄기 위의 연꽃대좌, 머리 위쪽의 장막형 등은 7세기의 고졸한 장식경향을 그대로 보여준다. 좌우 측면에는 상하로 나누어 위쪽에는 선정인(禪定印)의 불상을, 아래쪽에는 조상기를 새겼다. 아마도 4면4방불(四面四方佛)을 의도해서 조성한 것으로 추정된다.

무인명석불상부대좌

칠존석불상(七尊石佛像)

충청남도 연기군 서면 월하리의 연화사 소장품이다. 이 칠존불비상은 보물 제650호로 지정되었다. 무인명(戊寅銘) 4면불비상(四面佛碑像)과 함께 신라 문무왕 18년(678)경에 조성한 신라 불비상의 하나이다.

겹잎연꽃무늬 기대 위에 광배형 비신이 올라가 있다. 그리고 앞면 전체에 걸쳐 돋을새김으로 다양한 상을 새겼다. 연줄기 위에 본존불이 앉았고, 좌우 연줄기 위에는 협시보살이 서 있다. 협시보살 좌우로는 두

제자상과 두 인왕상을 두었다. 인
왕상의 발 밑에는 각각 사자(獅子)
가 앉아 있다. 광배 전면에 걸쳐
불꽃무늬와 7화불(七化佛, 현재 5
불)이 새겨졌다. 본존불은 얼굴이
마멸되었지만 당당한 신체, 두터
운 통견의, 배의 'U'자형 굵은 옷
주름 등으로 다른 비상들과 비슷
한 모습이다.

가슴의 때매듭이나 둥근 광배의
연꽃무늬 등에서는 백제양식이 엿

칠존석불상

보이며, 이러한 백제양식은 좌우 협시보살의 치마주름이나 'X'자 옷자
락, 가늘고 긴 신체 등에도 반영되었다. 그뿐 아니라 사자와 인왕상들
도 고졸한 특징을 보여준다. 백제의 유민들이 전통을 살려 조성한 것임
을 알 수 있다.

예산 화전리 사면석불(禮山 花田里 四面石佛)

충청남도 예산군 봉산면 화전리에 위치한 사면석불이다. 보물 제794
호로 지정되었다.

자연석의 네 면에 불상을 조각한 이 석불은 백제사면불로는 유일하
다. 사면불이란 일명 사방불(四方佛)이라고도 말하며, 동·서·남·북

의 방위에 따라 사방정토(四方淨土)에 군림하는 신앙의 대상으로 약사불(藥師佛), 아미타불(阿彌陀佛), 석가불(釋迦佛), 미륵불(彌勒佛)을 가리킨다.

이 불상의 특징은 소발인데, 불두에 비해 육계가 작다. 광배에 장식된 불꽃무늬나 연꽃무늬는 백제 특유의 양식을 나타내고 있다. 법의는 통견으로 옷주름이 매우 깊고, 가슴 아래의 옷주름은 'U'자형으로 겹쳐 있다. 발목 끝까지 내려온 옷자락은 고식인 'Ω'형을 이루었다.

예산 화전리 사면석불

이 불상은 서산(瑞山)과 태안(泰安)의 마애불과 비교되는 우수한 작품으로 당시의 불교사와 미술사 연구에 귀중한 자료가 된다.

정읍 보화리 석불입상(井邑 普化里 石佛立像)

전라북도 정주시 소성면 보화리 야산 중턱에 나란히 자리한 2구의 석불입상이다. 보물 제914호로 지정되었다. 최근 백제시대의 불상으로 확인되었는데, 백제불상이 정읍까지 확대되었다는 점에서 중요한 자료가 된다.

두 불상은 모두 비슷한 형식과 양식적 특징을 보여주지만, 오른쪽 불상이 왼쪽 불상보다 약간 커서 원래는 삼존불일 가능성도 배제할 수 없다.

오른쪽의 큰 불상은 뒤편의 광배가 깨지고 대좌의 아랫부분을 잃어버리기는 했지만, 거의 완전한 모습이다. 두 눈이 파여진 것이 흠이다.

정읍 보화리 석불입상

민머리에 상투 모양의 머리묶음이 솟아 있는데, 백제시대의 불상인 군수리 석조여래좌상(보물 제329호)과 흡사하다. 얼굴 역시 길고 풍만하며 부드러워 백제불상의 특징이 잘 드러나고 있다. 이 불상에서 가장 특징적인 것은 옷차림새인데, 왼쪽 어깨만을 걸쳤다. 속에 입은 옷과 아래의 치마도 보인다. 옷주름들은 부드러우면서도 소박한 편이다.

오른팔이 없어진 작은 불상도 같은 특징을 나타내고 있다. 얼굴의 각 부분은 마모가 심하나, 입가로부터 양쪽 볼까지 미소를 머금었다. 어린아이처럼 순진무구한 느낌이 든다. 부드럽고 우아한 모습, 아기 같은 체구, 특징적인 옷 차림새 등에서 백제 후기 불상의 특징이 잘 나타나는 작품이라고 할 수 있다.

갑사 석조보살입상(甲寺 石造菩薩立像)

갑사 석조보살입상

충청남도 공주시 갑사 뒷산 사자암에서 발견된 보살입상이다. 갑사 부도와 같이 있던 것을 현재 진해당(振海堂)에 옮겨 보관하고 있다. 충청남도 유형문화재 제51호로 지정되었다.

얼굴은 마멸이 심해 분명하지 않으나, 코가 오똑하고 눈은 감은 듯하다. 옷은 양 어깨를 감싸았고, 한 자락은 오른손 손목을 거쳐 등쪽으로 넘어갔다. 하체에 걸친 옷은 선이 부드럽고 얇아서 신체의 굴곡이 드러났다. 가슴 부분에 닿은 오른손은 뭔가 들고 있는 듯 하나, 분명하지 않다. 왼손은 팔을 내려 무릎 부분에서 목이 긴 병을 들고 있다.

전체적으로 잘록한 허리와 어깨 등 조각수법이 세련된 백제시대의 작품으로 보인다.

청원 비중리 일광삼존불상(淸原 飛中里 一光三尊佛像)

충청북도 청원군 비중리에 있는 석불상이다. 충청북도 유형문화재 제114호로 지정되었다. 하나의 돌에 광배와 삼존불을 돋을새김으로 표현하였다. 4부분으로 조각난 것을 복원한 것인데, 왼쪽의 협시보살은 없

어졌다. 이 지역 발굴조사에서 삼
국시대로부터 조선시대에 걸친 절
터였음이 확인되었다.

본존불은 상체가 타원형을 이루
었고, 양 무릎이 정삼각형으로 연
결되어 안정된 자세로 앉아있다.
손은 큼직하게 표현되었다. 'U'자
형의 주름을 새긴 옷자락은 무릎

청원 비중리 일광삼존불상

을 덮으면서 좌우로 흘러내렸다. 백제불상에서 엿보이는 특징들이 들
어 있다. 오른쪽에 서 있는 협시보살 역시 머리칼, 상체의 장식성, 'X'
자형의 옷주름 등에서 6세기 초의 불상양식을 보여준다.

이 불상은 발견된 지역의 역사적 특수성을 고려하면, 6세기 전반기는
고구려의 점령기였다. 또 후반기는 신라의 영토였기 때문에 얼핏 국적
을 판별할 수 없다. 그러나 불상에서는 백제적인 특징을 버리지 못하고
있다. 형식이나 양식상으로 보아 6세기 중엽 내지 후반의 작품으로 추
정되나 제작국은 확인하기 어렵다.

태봉사 삼존석불(胎峰寺 三尊石佛)

전라북도 익산시 삼기면 연동리 태봉사 경내에 모신 삼존석불이다.
이 삼존석불을 모신 태봉사는 전라북도 유형문화재 제12호로 지정되었
다. 백제 때 창건되었다고 하며, 심묘련보살이 3대독자 아들의 무병장

태봉사 삼존석불

수를 기원하는 산신기도를 드리다가 아미타삼존불을 현몽으로 보고, 그 자리에 지금의 사찰을 세웠다고 전한다.

태봉사 극락전에 모신 이 불상에는 부채꼴 모양의 거대한 광배와 함께 3구의 석불이 돋을새김되었다. 사각형의 대좌 위에 앉은 본존불은 머리에 작은 소라모양의 머리칼을 붙여 놓았다. 둥글고 원만한 얼굴은 이목구비가 작고 규격화되어 단정한 인상을 풍긴다. 양 어깨를 감싸고 있는 옷자락의 주름 처리가 형식적으로 이루어졌다. 무릎을 덮어내린 자락은 대좌를 덮고 있는 것처럼 보인다. 체구는 얼굴에 비해 빈약하며 어깨와 손이 투박하게 표현되었다. 그런데 왼손은 내려 배에 대고, 오른손은 들어 가슴에 붙인 특이한 모습을 하고 있다.

보관을 쓰고 합장한 왼쪽의 보살입상 얼굴은 본존과 비슷하다. 체구는 날씬한 편인 이 보살은 관음으로 생각된다. 오른쪽 보살상은 얼핏 동자승처럼 보인다. 손은 투박하지만, 역시 날씬한 모습을 하고 있다. 그러나 동자승이나 나한이라기보다는 지장보살을 표현한 것으로 짐작된다. 그래서 이 삼존불은 관음보살과 지장보살을 협시보살로 하는 아미타삼존상을 표현한 것으로 추정할 수 있다.

이 불상은 아들을 점지하는 영험이 있다는 믿음 때문에 지금도 득남을 바라는 많은 사람들이 찾고 있다. 제작시기는 백제 때로 추정하고 있다.

임실 이도리 미륵불상(任實 二道里 彌勒佛像)

전라북도 임실군 임실읍 이도리 운수사에 있는 미륵불상이다. 전라북도 유형문화재 제145호로 지정되었다. 운수사는 전라북도 임실군 임실읍 이도리 수정마을에 자리한 절이다. 창건연대와 세운 목적은 전하지 않지만, 백제시대의 절로 추정하고 있다.

높이 2.54m, 어깨 폭 0.81m의 석불인데, 풍수지리설에 따라 산세의 재난을 막기 위해 만든 것이

임실 이도리 미륵불상

라고 한다. 전에는 주위에 숲이 울창하였으나, 지금은 석불만이 쓸쓸하게 남아있다.

비교적 표현이 잘 되었지만, 목 아래 부분부터는 조각이 희미하다. 몸에는 흰색을 띠고 머리와 눈썹, 수염은 검은색이다. 입술에는 악귀가 싫어한다는 붉은 칠을 했기 때문에 토속적인 느낌을 더욱 강하게 풍긴다.

3. 석조미술(石造美術)

백제창왕명석조사리감(百濟昌王名石造舍利龕)

국보 제288호인 백제창왕명석조사리감은 부여 능산리 산15번지 능산리사지의 목탑지에서 나온 유물이다. 화강암으로 만든 사리의 외함으로 윗면이 둥글고, 밑부분은 사각통형이다. 오늘날의 우체통과 모습이 유사하다. 높이 74㎝, 너비는 가로×세로 각 50㎝이다. 전·후면에는 사리감 외형과 같은 모습의 감실이 마련되었다. 전면 감실의 규모는 높이 45㎝, 너비 25.3㎝, 깊이 24.5㎝에 이른다. 문이 닫히도록 턱을 달았다.

조사 당시 감실 내부는 비어있었고 목탑 심초석 상부 전면에서 동북방향으로 비스듬히 뉘어진 상태로 발견되었다.

백제창왕명석조사리감

사리감의 전면을 곱게 갈고, 감실 좌우에는 종으로 10자씩 모두 20자의 명문을 음각으로 새겼다. 명문의 내용은 "백제 창왕 13년 태세재 정해 매형공주 공양사리(百濟昌王十三年太歲在丁亥妹兄公主供養舍利)"이다. 이는 백제 27대 위덕왕(창왕) 13년(서기 567년)에 창왕의 맏누이 동생[妹兄公主]이

관산성전투에서 비참히 전사한 성왕을 위령하기 위하여 탑을 세우고, 사리를 공양한다는 의미이다.

백제유적과 관련한 연대가 분명하게 나오는 유물이 드물기 때문에 귀중한 역사자료이기도 하다. 특히 '형(兄)'자는 중국 북위에서도 사용한 예가 드문 '兄'의 별자이다. 이는 백제와 북위와의 긴밀한 교류를 반영하고 있다. 목탑지의 지하 교란 토층에서 나온 여러 공양물이 훼손되었던 것으로 미루어 백제멸망과 함께 매장한 유물로 짐작된다. 이 때문인지는 몰라도 사리감 안에는 사리용기와 사리는 없었다. 또한 이 사리감은 심초석에 직접 사리장치를 두지 않고 별도의 석제 사리외함을 마련했다는 점에서 주목되는 유물이었다. 더구나 백제금동대향로 및 다량의 유물출토와 함께 1탑 1금당식의 완벽한 가람배치 방식이 밝혀진 유적이 바로 능산리사지이다. 더구나 사리감에 새긴 명문을 빌려 조성연대를 성왕 사후 14년인 서기 567년으로 밝혀내어 고고학이나 미술사 연구의 귀중한 자료가 되고 있다.

공주 중동석조(公州 中洞石槽)

충청남도 공주시 국립공주박물관 경내에 위치한 백제시대의 석조이다. 보물 제148호로 지정되었다. 원래 공주시내 대통사 금당지와 강당지 사이에 있었던 것을 국립공주박물관 경내로 옮긴 것이다.

석조대좌 위에 원기둥형으로 된 받침기둥을 세우고, 그 위에 둥글고 큰 석조를 올려놓았다. 이 석조는 한개의 화강암 내부를 파내어 만든

공주 중동석조

것이다. 받침기둥에는 12개의 잎이 달린 연꽃무늬를 도드라지게 새겼다. 이는 전형적인 백제의 수법이기도 하다.

구연부에는 한 줄의 띠를, 가운데는 두 줄의 띠를 돌렸다. 그리고 8개의 꽃잎이 달린 연꽃무늬 4개를 사방에 도드라지게 새겼다. 이 연꽃무늬는 공주지방에서 나온 기와에도 들어가 있다.

중동석조는 반죽동석조(너비: 155㎝, 길이: 56㎝, 두께: 16.5㎝)보다 약간 작다. 대통사는 『삼국유사』 기록에 의하면 백제 성왕(聖王) 7년(529)에 창건되었다고 한다. 이 석조는 사찰이 창건되었을 때 만들어진 것으로 여겨지며, 제작연대가 확실한 매우 중요한 백제유물이라 할 수 있다.

공주 반죽동석조(公州 班竹洞石槽)

공주 중동석조(보물 제148호)와 같이 대통사터에 있던 백제의 유물이다. 현재에는 국립공주박물관으로 옮겨온 이 석조는 국보 제149호로 지정되었다.

중동석조와는 규모만 다를 뿐 양식이나 조각수법이 거의 같다. 이들 두 석조는 어느 한 건물 앞에 한 쌍으로 두기 위해 동시에 만들었던 것으로 보인다. 석조는 굽이 높은 사발을 크게 키운 것처럼 생겼다. 네모난 바닥돌 이외에는 거의 동그란 구조이다. 바닥돌 위에 원기둥으로 된 받침기둥을 세우고, 그 위에 둥글고 큰 석조를 얹었다. 석조는 화강암 안쪽을 파내어 만든 것이다.

공주 반죽동석조

　받침 기둥에는 전형적인 백제 수법이 보이는 12개의 잎이 달린 연꽃무늬를 도드라지게 새겨 두었다. 이 무늬는 공주지방에서 나온 기와무늬와도 같은 모양이다. 석조는 입구 가장자리에 굽처럼 넓적한 띠를 돌리고, 중앙에다는 2줄의 띠를 다시 돌렸다. 띠에는 8개의 잎이 달린 연꽃송이를 사방에 도드라지게 새겨 장식하였다.

　이들 석조는 통일신라시대의 직사각형 석조와는 다르다. 더구나 연꽃잎을 장식한 받침기둥을 먼저 세우고, 올려놓은 이 석조 바깥 면에 풍만한 연잎과 단아한 띠를 돌려 귀족적인 느낌이 물씬 풍긴다. 지금은 비바람에 풍화되어 무늬가 많이 닳았다.

공주 반죽동 당간지주(公州 班竹洞 幢竿支柱)

　충청남도 공주시 반죽동의 옛 대통사터에 자리한 통일신라시대의 당간지주이다. 보물 제150호로 지정되었다.

공주 반죽동 당간지주

기도나 법회 등 절에서 행사를 베풀 때 사찰의 입구에 세워 부처와 보살의 성덕을 표시하는 기를 당(幢)이라 한다. 이를 달아매는 장대가 당간(幢竿)이고, 이 장대를 양 옆에서 지탱하는 두 돌기둥이 당간지주이다.

대통사의 옛터에 남은 이 당간지주에는 서로 마주보는 안쪽 면에 아무런 조각이 없다. 그러나 바깥쪽 면은 가장자리를 따라 굵은 띠 모양을 도드라지게 새겼다. 기둥머리 부분은 안쪽에서 바깥쪽으로 모를 둥글게 깎았다. 그리고 안쪽 위·아래 2군데에 당간을 고정시키기 위해 네모난 구멍을 파 놓았다.

한국전쟁 때 폭격을 맞아 지주의 받침돌과 한쪽 기둥의 아랫부분이 많이 손상되었지만, 소박하고도 간결한 전체적인 형태는 그런대로 드러난다. 이 일대의 다른 유물들과 함께 백제의 유물로 생각할 수도 있다. 그러나 받침돌에 새긴 안상을 조각한 수법으로 보아 통일신라시대에 만들어진 것으로 짐작된다.

부여 석조(扶餘石槽)

충청남도 부여군 부여읍 동남리 국립부여박물관 경내에 있는 석조이다. 옛 부여현의 동헌 건물 앞에 자리했던 유물인데, 석연지라고도 부른다. 현재 보물 제194호로 지정되었다.

부여 석조

상·중·하대의 형식을 갖춘 화강암 받침대 위에 위쪽이 갈려진 공 모양의 석조가 놓여 있다. 연꽃을 뜻하는 8개의 세로줄이 표면에 양각으로 표현되었다. 정림사지(定林寺址) 5층석탑의 초층탑신에 새긴 것처럼 당(唐)나라가 백제를 평정했다는 뜻의 글을 새기다가 그만 둔 흔적이 보인다. 이 석조의 본래 자리는 백제시대의 궁궐자리였다고 한다. 또 이 석조에 연꽃을 심어 그 꽃을 즐겼다는 전설이 구전되어 백제 왕궁지 추정에 중요한 단서가 되고 있다.

풍만하면서도 깔끔한 곡선으로 처리된 석조이다. 백제인의 간결·소박한 미적 감각을 잘 나타내 주고 있다.

문양전(文樣塼)

1937년 충남(忠南) 부여군(扶餘郡) 규암면(窺巖面) 외리(外里)에 있는 한 절터에서 출토된 일괄 유물이다. 현재는 서울특별시 용산구 국립중

문양전

앙박물관에서 일괄 보관 중이다. 그 문양의 아름다움이 인정되어 보물 제343호로 지정받았다. 이들 문양전(文樣塼)은 모두 비교적 견치한 태토를 써서 만들었는데, 도문·의장은 모두 틀에서 찍어 냈다.

① 산수문전(山水文塼)

암반과 암벽을 전경으로 내세운 풍경이 보이고, 그 뒤로는 세 봉우리로 이루어진 연산(連山)이 첩첩이 들어서 있다. 산봉우리마다에는 소나무숲이 보이고, 산 위의 하늘로는 상서로운 구름이 두둥실 흘러간다. 그리고 가까운 암벽 뒤의 산중턱에는 치미가 보이는 팔작(八作)지붕의 기와집이 자리를 잡아 당대 건축의 특색을 잘 드러냈다. 오른쪽 암반 위의 어떤 사람이 이 기와집을 향해 걸어가고 있다.

② 산수봉황문전(山水鳳凰文塼)

산수문전(山水文塼)과 거의 같으나, 하반부에만 산이 표현되었다. 중앙부 위쪽으로는 봉황으로 생각되는 큰 새 한 마리가 있다. 상반부에는 운기(雲氣) 또는 산기(山氣)라고도 부르는 몇 가지의 단운문(瑞雲文)을 가득 채웠는데, 우측과 좌측에 각각 건물이 있다.

③ 산수귀문전(山水鬼文塼)

구름 위의 암반좌 위에 버티고 선 귀형(鬼形)을 주제로 한 것이다. 날카로운 치아를 드러낸 채 무엇인가를 질타하는 모습을 보이고 있다. 나체로 된 몸통에는 과장된 유방과 배꼽이 표현되었다.

④ 연대귀문전(蓮臺鬼文塼)

산수귀문전(山水鬼文塼)과 같다. 그런데 먼저 기와 속에 귀형의 물체가 구름 위 암반좌위에 서 있던 것과 다르다. 이번에는 소판연화좌(素瓣蓮華座)위에 자리를 잡았다.

⑤ 연화문전(蓮華文塼)

연주문대(聯珠文帶)를 두른 큰 원권 안에 연봉문(連峰文)을 크게 배치하였다. 연봉(連峰)의 자방(子房)은 매우 크고 뚜렷하다. 10개로 이루어진 화판에는 각기 인동문 하나씩이 장식되었다.

⑥ 과운문전(渦雲文塼)

큰 연주문대(聯珠文帶)로 된 원권(圓圈) 안에 연화문(蓮華文)을 이룬 작은 원심(圓心)을 넣었다. 그리고 공간을 역동감이 넘치는 과운문(渦雲文)으로 메웠다.

⑦ 봉황문전(鳳凰文塼)

큰 연주문대(聯珠文帶)안에 봉황 한 마리를 배치했다.

⑧ 반용문전(蟠龍文塼)

봉황문전(鳳凰文塼)과 같은 방법으로 구상한 문양전이다. 큰 연주문대(聯珠文塼) 안에 비운(飛雲)을 넣었고, 그 사이를 용이 질주하고 있다. 용의 발톱 모양은 산수귀문전(山水鬼文塼)의 귀형(鬼形) 발톱을 닮았다.

사택지적비(砂宅智積碑)

충청남도 부여군 부여읍 동남리 국립부여박물관이 소장한 백제시대의 유일한 석비이다. 현재 충청남도 유형문화재 제101호로 지정되었다. 백제 의자왕 때의 대신이었던 사택지적이 남긴 것이다.

사택지적은 백제 후기의 대성 8족(大姓八族)의 하나인 사택 씨 가문 출신이다. 의자왕 2년(642) 일본으로 건너갔다가 다시 백제로 돌아와 대좌평의 직위에까지 올랐으나 의자왕 14년(654) 관직에서 물러났다.

이 비는 그가 지난날의 영광과 세월의 덧없음을 한탄하며 만든 것인데, 길쭉한 사각형태를 이루었다. 앞면을 다듬어 가로와 세로로 줄을 긋고 나서 그 안에 한 자씩 글씨를 새겼다. 오른쪽에는 동그라미 안에 봉황을 새겨 붉은색을 칠했던 흔적이 희미하게 보인다. 중국에서 오랫동안 유행한 사륙병려체(四六騈驪體)로 쓴 아름다운 문장을 담은 비문의 글씨에서는 웅건한 힘이 다가온다. 당시의 문화수준을 가늠할 수 있는 유물이다.

백제 의자왕 14년(654)에 세운 이 비는 7세기 중반 쯤 백제에 이미 도교가 전래되었음을 일러 주고 있다.

사택지적비

팔각정(八角井)

충청남도 부여군 부여읍 쌍북리 부여여자중학교 교내에 자리한 우물이다. 삼국시대 백제 왕궁에서 이용하였다는 이야기를 간직하고 있다. 현재 충청남도 문화재자료 제103호로 지정되었다.

이 우물의 위치는 조선시대에 부

팔각정

여현의 관청 건물이었던 자리이며, 발굴 결과 백제의 도로나 연못터 유적으로 확인되었다. 길게 다듬은 돌로 8각형의 우물을 짜고, 그 위에 깬돌을 차곡차곡 쌓아올렸다. 근처에서 건물에 사용했던 주춧돌과 함께 집터를 다질 때 쓴 커다란 돌들이 많이 발견되었다. 우물의 주변에서 나오는 이 같은 유물들은 백제의 문화를 반영할 뿐 아니라, 당시 왕궁터를 추정하는 중요한 단서가 되고 있다.

성주사지 석계단

충청남도 보령시 성주면 성주리 성주사지 내 금당지에 자리한 돌계단이다. 충청남도 문화재자료 제140호로 지정되었다.

성주사는 백제시대 사찰이었다. 백제멸망 직전 붉은 말이 나타나 밤낮으로 여섯 번이나 절을 돌면서 백제의 멸망을 예시해 주었다는 얘기가 전하고 있다. 현재 절터에 남은 건물의 주춧돌을 포함한 많은 석물

성주사지 석계단

가운데 하나이다.

계단은 잘 다듬은 널찍한 돌을 이용하여 5단으로 쌓아 올렸다. 금당을 오르던 계단으로, 원래는 양쪽 소맷돌에 사자상이 조각되었던 석조계단이었다. 그런데 1986년에 도난당하여 지금은 남아있지 않다.

성주사 금당은 백제가 멸망한 후인 통일신라시대에 건립되었다고 한다. 이 돌계단도 백제 이후에 만들었을 것으로 짐작된다.

용봉사지 석조[마애, 석구, 석조](龍鳳寺址 石造[碼槽, 石臼, 石槽])

충청남도 홍성군 홍북면 신경리에 자리한 용봉사지 경내의 석조물이다. 충청남도 문화재자료 제162호로 지정되었다.

용봉사는 대한불교조계종 제17교구 본사 수덕사의 말사이나, 정확한 창건연대는 알 수 없다. 주변에서 백제의 기와편이 발견되어 백제 때 창건된 것으로 추정할 뿐이다. 지금의 위치에서 서쪽으로 조금 올라간 데가 본래의 절터였다고 한다. 1905년 평양조씨 가문에서 묘를 쓰기 위해 사찰을 폐사시켜 지금의 절은 1906년에 새로 지었다는 것이다.

경내에 있는 석조물은 모두 3점에 이른다. 석조는 스님들이 사용하는 물을 담아두는 시설물이다. 안이 파인 직사각형의 모양이 일반적이다.

그리고 이 절에 남은 석구는 돌의 속을 파내어 구멍에 곡식을 넣고 찧던 절구를 말한다. 또 곡식을 가는데 사용했던 맷돌이다.

석조는 1매의 화강암으로 조성되었다. 바깥쪽의 크기는 길이 290 cm, 너비 136cm, 높이 136cm이다.

용봉사지 석조

안쪽의 크기는 길이 240cm, 너비 104cm, 깊이 45cm에 이른다. 적묵당 아래의 축대 수풀 사이에 자리한 화강암 석구는 높이 67cm, 지름 86cm이다. 절구통의 일종인 이 석구는 반구형이다. 석조 옆의 마애는 길이 170 cm, 너비 150cm, 높이 25cm이다.

이 석조물들의 정확한 제작연대는 알 수 없다. 그러나 사찰의 창건과 함께 제작된 것으로 추정되어 백제시대 유물로 짐작된다.

미륵사지 석등하대석(彌勒寺址 石燈下臺石)

전라북도 익산시 금마면 기양리 미륵사지 경내에 위치한 석등의 하대석이다. 전라북도 문화재자료 제143호로 지정되었다.

미륵사지 경내 동원과 중원의 탑지와 금당지 사이에 각기 자리하고 있다. 중원의 석등은 하대석과 옥개석이 남았는데, 하대석은 지복석 위에 놓여있다. 1변이 105cm의 방형이고, 하대석의 상면에는 8엽의 연화문이 조각되었다. 중앙에는 직경 34cm, 깊이 18cm의 간공이 보인다. 옥개석은 상·하 2단으로 구성되어 상부는 2매로 나뉘어진다. 상·하단 모두 팔각형으로 옥개석의 규모는 하부가 약 127cm 정도다.

동원석등은 현재 하대석만이 남은 상태이다. 지복석 위에 놓인 하대석은 1변이 96cm의 방형석이며 상면 중앙에 직경 28cm, 깊이 12cm의 간공이 있다. 그리고 상면에는 8엽의 연화문이 조각되어 있다.

우리나라에서 현존하는 석등 중 제작시기가 가장 빠르다. 또한 하대석 복연의 양식은 디륵사지에서 출토된 연화문 수막새와 흡사하게 생겼다. 석등의 위치가 이동되지 않은 것으로 보아 석등의 시원형으로 볼 수 있으며 보존상태도 양호한 편이다.

4. 기타 공예품

백제금동대향로(百濟金銅大香爐)

백제금동대향로는 1993년 국립부여박물관이 발굴한 유물이다. 백제 나성과 능산리고분군 사이 논바닥 제3건물지 중앙칸 서쪽의 한 구덩이에서 출토되었다.

전체 높이가 64cm나 되는 대형향로로 크게 보아 몸체와 뚜껑으로 구분할 수 있다. 그러나 별도로 부착한 봉황장식과 받침대를 포함해 네 부분으로 구성되었다는 사실이 추후 확인되었다.

모두 3단으로 이루어진 연꽃잎으로 장식한 몸체는 마치 활짝 피어난 한 떨기의 연꽃을 연상케 할 만큼 아름답다. 이 연꽃송이의 밑부분을 입으로 문 채 하늘로 치솟듯 고개를 쳐든 한 마리의 용은 받침대가 되었다. 몸체의 각 연잎 표면에는 가릉빈가와 물고기, 기타 여러 종류의 동물들은 하나씩 양각으로 새겼다. 뚜껑에 배치된 23개의 산이 4~5단으로 첩첩산중을 이루어 심산유곡의 풍경이 아련하게 다가온다. 피리와 소, 비파, 현금, 북을 연주하는 주악상을 비롯하여 택견무인상과 기마무인상(騎馬武人像), 기마수렵상(騎馬狩獵像)이 역동적으로 표현되었다. 그리고 코끼리를 탄 인물, 책을 보는 인물상과 함께 산양과 호랑이, 새, 원숭이, 멧돼지 등이 향로를 장식하였다. 이 같은 현세의 동물 말고도 신수(神獸), 서조(瑞鳥) 같은 상서로운 상상의 동물을 새겨 신비로운 감흥을 불러일으킨다. 폭포, 나무, 불꽃무늬 등 다양한 문양들이 변화무쌍하게 표현되었거니와, 뚜껑 꼭대기에는 봉황이 날개짓을 하고 있다. 봉황은 목과 부리로 여의주를 품고서 날개를 활짝 펴 힘이 넘친다. 전체적인 느낌이 부드러운 이 금동대향로에는 백제적인 특징이 그대로 드러났다.

봉황의 앞가슴과 악기를 연주하는 인물상 앞뒤에는 5개씩의 구멍

백제금동대향로

이 뚫렸다. 이는 몸체에서 피어난 향연(香煙)이 빠져나오게 의도적으로 뚫어놓은 구멍이 분명하다.

　지극히 경이로운 세기의 걸작이라 할 수 있다. 이 향로는 중국 한대(漢代)에 유행한 박산향로의 영향을 받기는 하였다. 그러나 중국과는 달리 산들이 독립적·입체적으로 표현되었다.

관방유적
關防遺蹟

1. 백제의 성(城) 개관

(1) 백제산성의 입지

백제산성의 특징 중에서 우선 입지를 살펴볼 필요가 있다. 왜냐하면, 백제의 산성은 고유하고도 독자적인 입지조건을 갖추었기 때문이다. 그래서 산성 축조 당시의 시대상황을 비롯 축조기술과 정신세계까지 엿보인다. 그런데 이런 산성의 입지조건은 크게 나누어 두 가지이다. 하나는 성곽의 축성된 산과 주변지형과의 관계이고, 다른 하나는 성곽이 축성된 산의 높이이다.

산성이 축성된 산과 주변지형과의 관계를 먼저 살피면, 백제산성은 주변에 넓은 들이나 하천을 끼고 있다. 이러한 들이나 하천을 향해 돌출된 지맥의 맨 끝단 산봉우리에 자리하고 있는 것이 일반적인 특징이다. 그래서 산성에 오르면 주변지역이 한 눈에 들어온다. 반대로 성밖의 주변지형에서도 쉽게 산성을 찾을 수 있다. 이러한 입지조건은 단순히 농성 장소로써의 성이 아닌 침입을 사전에 차단하고, 경우에 따라 공격을 감행하는 전투방식에서 기인한 것으로 보인다(백제의 공격형 산성축조는 여러 곳에서도 보인다. 장기적으로 농성을 하기에는 규모가 작고 성내에 우물이 별로 없다는 점 등은 신라의 방어형 산성축조와 대비된다고 할 수 있다. 이에 반해 통일 이후의 산성들은 산 속 깊고 높은 곳에 축조하여 농성의 기능이 커진 것을 볼 수 있다).

입지조건 중에 산성이 축성된 산의 높이 또한 주목되는 부분이다. 동원되는 군사력이나 전투방식에 따라 산성의 높낮이 변화 현상에서 백제산성의 입지조건의 윤곽을 확인할 수 있을 것이다. 초기에 백제산성은 별로 높지 않은 곳에 축성되었을 것으로 생각된다. 산성이 청동기시대의 목책에 시원을 두었다는 사실을 감안하면, 초기 백제산성은 청동기 주거지보다 약간 높은 야산에 위치했을 것이다.

이와 더불어 축성재료를 살펴보면, 노동력 동원이 비교적 적은 목책이나 토성이 주를 이루었을 것으로 짐작된다. 이어 중기-후기를 거치면서 입지조건이나 산성의 축성 규모에도 변화의 바람이 불었다. 고대국가의 성장에 따라 필연적으로 군사력이 증가하면서 산성의 규모가 커졌고, 축성에 필요한 자재도 변화할 수밖에 없었다. 그러면 백제 후기의 산성 입지는 어떠했을까? 이를 보여주는 직접적인 자료는 없다. 그러나 다음 같은 고대사료를 빌려 얼마만큼은 가늠할 수 있을 것이다.

百濟王城 方一里半 北面累石爲之 …基諸方之城 皆憑山險爲之 亦有累石者(『翰苑』

卷 30,「番夷部」, 百濟條.)

　이 사료에 보이는 것처럼 백제의 방성은 모두 험산에 위치함을 알 수 있다. 이때 험산은 어느 정도의 높이를 의미하는 것일까. 이에 대해서는 다음 기록이 참고할만하다. 나·당연합군이 가림성(加林城)을 공격할 때 성곽이 험한 곳에 자리했기 때문에 공격을 해도 많은 사상자가 발생하여 유인궤(劉仁軌)의 반대에 따라 가림성을 포기한 적이 있다. 그렇다면 중국인들의 눈에는 가림성인 성흥산성(聖興山城)이 험산으로 비친 것이 틀림없다. 가림성이 위치한 성흥산은 표고 250m에 해당한다. 그래서 백제 후기의 산성들은 대체적으로 이 정도의 높이에 위치한 것으로 추정된다. 실제로 백제 후기에 축성된 것으로 알려진 덕진산성[德津山城, 적산(赤山) 225m], 보문산성[寶文山城, 보문산(寶文山) 400m]에 자리하고 있다.

　이 같은 산성의 입지변화는 같은 시기 신라산성에서도 나타난다. 신라의 이성산성(二聖山城, 209m), 대모산성(大母山城, 212m)은 모두 표고가 200m를 넘는다. 신라산성 역시 백제의 군사동원 능력에 따라 비슷한 변화를 겪었던 것으로 보인다. 이러한 입지는 웅진시대의 산성이 표고 100~150m 정도 높이에 자리했던 것과 구별된다. 그러나 통일신라기에 들어서 축조한 500m 이상의 산성과는 비교도 되지 않는다. 이렇듯 시간적 공간을 두고 증가한 군사력 동원능력은 산성의 입지변화를 부추겼던 것이다. 그렇다고 산성 모두가 높은 산에만 자리를 잡았던 것은 아니다. 삼국시대의 지방통치는 군사·형정을 겸한 것이었지만, 군사적인 측면이 더 크기는 하였다[지방관의 명칭이 방령(方領), 군장(郡將), 도사(道使)등 군사적인 성격이 다분히 포함된 것에서 엿볼 수 있다]. 그런데 삼국의 통일이 이루어지고 나서는 통치기능이 차츰 군사적인 기능과 분리되었다. 이에 따라 군사적인 성은 계속 높아졌지만 행정적 기능을 가진 성(城)은 점차 저지대로 내려와 고려시대에 읍성의 시원이 된 것으로 보고 있다.

(2) 백제산성의 구조적 특징

가. 산성의 규모

산성의 구조적인 특징을 살펴볼 때 가장 먼저 주목할 부분은 산성의 규모일 것이다. 산성의 규모는 지표조사만으로 쉽게 파악할 수 있다. 왜냐하면, 객관화하기 가장 쉬운 자료이기 때문이다. 백제성곽의 크기를 정확히 계측하기는 어려우나 현재까지 밝혀진 고고학적인 자료를 빌려 역추적하면, 성곽의 규모가 얼마만큼은 파악될 것이다. 이와 관련하여 다음 자료를 들추어 참고할 필요가 있다.

百濟王城 方一里半…北方城 方一里半…東方城 方一里…西方城 方二百步…中方城 方一百五十步…南方城 方一百三十步(『翰苑』卷 30,「番夷部」所引,『括地志』)

위 자료에는 5방성의 규모가 기록되었다. 이때의 리(里)와 −크기를 계산하기 위해−보(步)의 크기를 알아 두는 것이 좋다. 보통 1리는 300보, 혹은 360보라고 한다. 이러한 차이가 나는 이유는 1보를 5척(尺)이냐 6척이냐의 차이에 따라 나타나는데, 어느 쪽이든 1리가 1800척인 것은 동일하다. 그러면 우선 1척의 크기에 대해 알아보자. 고대의 측량형은 시기와 지역에 따라 다르기 때문에 같은 1척이라도 주척(周尺, 20cm)과 한척(漢尺, 23.5cm), 또 당척(唐尺, 30cm)이냐에 따라 다르다. 5방성을 축조할 때 사용한 척을 알기 위해서는 이미 고증된 북방성(北方城) 즉 공산성(公山城)의 측량크기를 위 자료에 대입해서 역추적할 수 있다. 공산성의 크기가 2,450m=(2,700尺=一里半)×(?)尺×4이다. 즉 245,000÷10,800=22.68가 나온다. 약 23cm라는 계산이 나오는데, 여기서 보면 한척(漢尺, 前漢尺=23.04cm, 後漢尺=23.7cm)임을 사용한 것을 알 수 있다. 이는 무령왕릉의 관의 크기나 『삼국사기』에 실린 왕과 왕비의 키에 대한 기록에서도 한척(漢尺)을 사용한 사실이 보인다. 이 시기 백제는 한척을 사용했던 것이다. 이를 대입해보면 동방성(東方城)은 1,650cm가 된다는 점 또한 알 수 있다.

그럼 보(步)로 표기한 서방성(西方城)과 중방성(中方城), 남방성(南方城)의 크기를 셈하기 위해 보(步)의 수치를 알아보자. 신라쪽 기록이기는 하지만, 『삼국유사』에 관문성(關門城)의 크기를 6,992보 5척으로 적었다. 이로 보아 당시 1보(步)는 6척(尺)이었던 것으로 생각된다. 그렇다면 방이백보(方二百步)로 되어 있는 서방성(西方城)은 방(方)1,200척,

방일백오십보(方一百五十步)라고 한 중방성(中方城)은 방(方)900척, 방
일백삼십보(方一百三十步)로 기록한 남방성(南方城)은 780척임을 알 수
있다. 다시 일척(一尺)=23㎝를 대입해보면, 오방성(五方城)의 크기가
나온다.

그래서 백제의 방성(方城)의 크기를 720~2,480m 사이라고 한다면, 다
른 일반 산성은 남방성(南方城)보다 작았을 것이라고 판단된다. 다시
말해서 백제 군현의 중심지에 지방통치의 거점으로 축성되었던 백제산
성들은 그 규모가 800m 이하였을 것이다.

나. 성문의 위치 및 종류

성곽은 크게 보아 성벽과 그에 딸린 부대시설로 나누어 볼 수 있다.
부대시설로 중요한 것을 꼽는다면 성문과 치성(稚城), 옹성(甕城), 건물
지(建物址), 여장(女墻) 등을 들 수 있다.

성벽은 방어력을 가늠하는 중요한 요소가 되기 때문에 성곽에서 가장
큰 비중을 차지한다. 특히 산성의 경우 단곽으로 이루어졌기 때문에 더
더욱 성벽에다 방어력을 기댈 수밖에 없다. 성둔은 산성의 내외를 연결
하는 통로로써 산성에서 필요한 물자가 들어가는 자리다. 그래서 성벽
에 접근하기 가장 용이한 자리에 성문을 개설하는 것이 원칙이다. 이
같은 입지 때문에 유사 시 적의 공격에 가장 취약한 지역이라고 할 수
있다. 백제산성은 이러한 취약점을 보안하기 위해 출입이 쉬운 자리보
다는 접근하기 어려운 지점에 성문을 세웠다. 출입보다는 방어에 중점

을 두었던 것이다. 이러한 모습은 백제산성뿐만 아니라, 삼국시대 산성에 보편적으로 나타난 현상이었다. 이에 반해 통일신라에서는 출입이 편리한 자리에 성문을 개설하였다. 이처럼 통일신라가 그 이전 시기와 달리 성문의 위치를 달리한 까닭은 삼국의 항쟁기를 벗어난 시대적 배경 때문인 것으로 풀이할 수도 있다.

성문과 관련하여 한 가지를 더 지적하자면, 삼국시대의 산성에는 평문식(平門式)과 더불어 현문식(縣門式)도 존재하였다. 현문식(縣門式)은 신라산성(계족산성 동문지(鷄足山城 東門址), 삼년산성(三年山城), 충주산성 동문지(忠州山城 東門址), 양주산성 북문(楊洲山城 北門) 등에서 보인다. 그러나 백제산성은 모두 평문식이었다.

다. 성석

산성은 다른 유적과 달리 축성 후에도 필요에 따라 계속해서 수·개축이 이루어질 수밖에 없다. 또한 성 전체의 수축보다는 부분적인 개축이 일반적인 현상이었다. 현재 남아있는 성벽에서 시축 당시 모습이 그런대로 엿보이는 것도 부분적인 개축이 이루어졌기 때문이다.

지금까지 연구한 학술적 성과에 의하면, 삼국시대 성벽의 축성용 석재에 따라 크게 세 가지로 나눌 수 있다. 판석형과 할석형, 다듬은 성돌 등이 그것이다. 그런데 판석형 석재는 삼년산성(三年山城), 충주산성(忠州山城), 온달산성(溫達山城), 적성(赤城), 계족산성(鷄足山城) 등 신라계 산성(新羅系 山城)에서만 확인되고 있다. 이에 비해 다듬은 성돌을 이용하여 축성한 산성으로는 청마산성(靑馬山城), 성흥산성(聖興山城), 보문산성(寶文山城), 부여나성(扶餘羅城) 등 백제 혹은 백제계 산성에서만 보이므로 백제산성의 특징으로 이해할 수 있을 것이다. 물론 신라산성 중에서도 다듬은 성돌을 이용하여 축성한 실례가 있기는 하다. 이 경우에 신라산성은 모전석처럼 매끈하고, 가로:세로의 비가 3:1 이상 되도록 길쭉한 세장형의 형태를 띤다. 이와는 달리 백제산성은 가로:세로의 비가 3:2 내지는 2:1이 되도록 장방형으로 다듬은 성돌을 이용한 성벽이 축조되었다. 그러나 백제산성이 다 다듬은 돌만 사용한 것이 아니다. 다만 막돌로 축성한 산성에 비해 그 이전 시대와 구별하기 편하다는 것이다.

그러면 언제부터 다듬은 성돌을 이용한 축성방법이 등장했을까. 아마도 돌 다루는 솜씨가 그 이전 시대에 비해 능숙해진 사비시대가 아닐까 한다. 사비시대의 돌덧널을 보면, 웅진시대에 볼 수 없었던 돌 다루는 솜씨가 엿보인다. 이러한 기술과 공법이 갑자기 천도와 함께 나타난 현상은 아닐 것이다.

이 같은 기술은 천도 이전부터 조금씩 나타났을 것이다. 이 의문을 풀어줄 열쇠는 바로 공산성의 연지에서 찾아볼 수 있다. 공산성(公山城)의 연지(蓮池)를 보면, 그전과 다르게 다듬은 돌은 사용한 것을 알 수 있다. 그 이전 다른 데서는 제대로 돌을 다룬 솜씨가 보이지 않기 때문에 아마도 공산성 연지가 시원이 아닐까 한다. 이 연지의 축조시기는 연지에서 출토된 삼족토기를 대상으로 한 편년에서 5세기 후반으로 생각된다. 따라서 백제에서 다듬은 성돌을 이용하여 축성한 시기는 웅진시대 말기부터로 짐작할 수 있다. 그리고 사비시대에 크게 유행하였던 것으로 보인다. 이렇듯 다듬은 성돌로 축성된 산성은 그 이전의 막돌로 축성한 성곽보다 높은 자리에 위치한다. 아마도 공격력의 증가에 따라 상대적으로 방어력을 제대로 구비한 성이 필요하였을 것이다. 물론 다듬은 돌이 모두 백제산성은 아니었다. 연기 운주산성(燕枝 雲住山城)이나 망이산성(望夷山城)에서 보듯이 통일 이후에도 백제고지의 형식을 그대로 유지한 백제계 산성도 있다.

2. 백제의 성(城)

1) 사적(史蹟)

부여 성흥산성(扶餘 星興山城)

충청남도 부여군 임천면 군산리에 위치한 백제산성이다. 사적 제4호로 지정되었다. 금강의 북안에 자리한 백제시대의 토축산성보다 축소된 석축의 테뫼형산성이다. 남·서·북문지와 군창지를 더불어 우물터 세 군데 및 토축보루의 방어 시설을 갖추었다. 동성왕(東城王) 23년(501년) 8월 위사좌평(衛士佐平) 백가(苩加)가 축조하였다고 전한다. 당시 이곳이 가림군(加林郡)이었으므로 가림성(加林城)이라고도 한다.

성의 형태는 테뫼형이고 성벽 높이는 대개 3~4m에 이른다. 축조 방식은 바깥쪽 일부를 대략 다듬은 화강암 석재를 수평으로 고임쌓기 했고, 동벽 밖은 토축이다. 그리고 일부는 안으로 흙을 다져 내탁(內托)을 하고, 외면은 석축을 하였다. 이때 흙을 파낸 곳은 자연히 호(壕)를 형성하고 있다. 서쪽 성벽의 석축 부분을 견고하게 하기 위하여 성벽보다 약 1.5m 정도 앞의 부분까지 넓혀 기초를 만들었고, 토축 부분은 산의 능선을 따라 지그재그 식으로 축조되었다.

주문인 남문지의 너비는 4m인데, 초석이 현존하고 있다. 성의 내부 정상에는 약 600여 평의 평탄한 대지가 마련되었다. 이 지역에 장대(將臺)를 비롯한 주요한 시설이 자리했던 것으로 짐작된다. 성의 동벽 안쪽의 우물은 오늘날도 이용되고 있다.

남문지 앞 토성산(土城山)에는 둘레 약 200m의 토축의 보루가 있는데, 이 토축 보루에는 부속된 작은 보루 하나가 더 들어앉았다. 이처럼 크고 작은 성이 쌍을 이루어 배치된 것은 백제산성의 독특한 점의 하나로 알려졌다.

부여 성흥산성

『삼국사기』에 의하면, 이 성을 쌓은 백가는 동성왕이 이곳으로 보낸 것에 앙심을 품고 반란을 일으켰다가 잡혀 죽었다고 전한다. 백제시대에 축조한 성곽 가운데 연대가 확실한 유일한 유적이라는 점과 옛 지명이 보인다는 점에서 매우 귀중한 자료로 평가되고 있다.

이 성은 백제부흥운동군의 거점지이기도 하였는데, 663년 당시 이 지역을 공격하던 유인궤(劉仁軌)가 이 성이 험하고 견고하여 공격하기 어렵다고 한데서 난공불락의 요새이었음을 알 수 있다. 고려 초기에 장군 유금필(庾黔弼)이 견훤(甄萱)과 대적하다가 이 지역에 들러 빈민구제를 하였다는 구휼을 기리기 위해 해마다 제사를 올리는 사당이 성내에 있다.

부여 부소산성(扶餘 扶蘇山城)

충청남도 부여군 부여읍 쌍북리 부소산에 위치한 백제시대의 산성이다. 사적 제5호로 지정되었다.

금강 남안에 자리한 부소산 산정을 중심으로 테뫼식산성이 동서로 뻗어 있고 북동쪽 계곡을 둘러쌓은 포곡식산성이 동반한 복합식산성이다. 성내에는 사비루(泗沘樓)·영일루(迎日樓)·반월루(半月樓)·고란사(皐蘭寺)·낙화암(落花巖)·사방의 문지(門址)·군창지(軍倉址) 등이 있다. 『삼국사기(三國史記)』 백제본기(百濟本紀)에는 사비성(泗沘城)·소부리성(所扶里城)으로 기록되었으나, 산성이 위치한 산의 이름을 따서 부소산성으로 부른다.

이 산성은 백제의 수도인 사비 도성의 일환으로 축조되었다. 왕궁을 수호하기 위하여 성왕(聖王) 16년(538년) 천도를 전후한 시기에 축조된 것으로 보이나 이보다 먼저 동성왕(東城王) 22년(500년)경 이미 산성이

부여 부소산성

축조되었을 가능성도 있다. 이후 천도할 시기를 전후하여 개축되었고, 무왕(武王) 6년(605년)경에 대대적인 개·수축이 이루어진 것으로 추정하고 있다. 한편 일부의 성벽은 통일신라 시기에 수축되고, 고려와 조선시대에는 고을의 규모에 맞도록 줄여 이용된 것으로 짐작된다.

성벽 안쪽의 흙을 파서 성내 벽쪽에 호(壕)를 만들고, 파낸 흙을 성벽의 판축재료로 이용하는 방법으로 축조되었다. 바깥 면에는 일정한 간격으로 기둥을 세워 분할 축조하였다. 성벽의 안쪽과 중간에도 같은 방법이 동원되었다. 기단은 낮게 석축을 하거나, 석렬을 두었다. 그리고 안쪽에는 배수로 겸 통행이 가능한 좁은 부석(敷石) 시설이 있다. 성벽에는 가로 세로로 목재를 넣었다. 후대에 와서는 무너진 흙을 내벽에 다시 밀어넣어 성벽을 손질하였다.

성 바깥 벽면은 기반토를 마치 판축하듯이 황색사질토와 적색점질토를 겹겹이 다졌다. 그리고 위에 돌을 3~5단으로 쌓고 흙을 덮었다. 이 같은 방식으로 축조된 산성의 입지는 경사면이어서 원래의 경사도보다도 더욱 가파르다. 산성은 본래 아래 너비가 7m 가량이고, 높이는 대략 4~5m에 달하였을 것으로 추정된다.

이 산성은 백제시대부터 조선시대까지 수축·개축을 거듭하는 가운데 사용되었다. 연차적인 조사에서 성벽과 치성을 비롯한 여러 시설이 차례로 밝혀져 고대 축성 기술의 표본 같은 역할을 하고 있다. 부소산 성에서 가장 높은 표고 106m의 사비루 부근의 산봉우리를 중심으로 한 조사 구간에서는 다양한 집터가 발견되기도 하였다. 성에는 동·서· 남문지와 더불어 금강으로 향하는 북쪽 낮은 자리에는 북문과 수구(水口)가 있었을 것으로 보인다.

풍납토성(風納土城)

서울특별시 송파구 풍납동에 자리잡은 백제 초기의 토성으로 사적 제 11호이다.

초기 백제의 토축 성곽으로 현존하는 성벽의 복원 길이는 약 470m에 이른다. 당초의 총연장은 둘레 3,740m에 달할 만큼 길었다. 이 토성은 본래 경기도 광주군(廣州郡)에 속하였다가 행정구역 개편에 따라 서울 특별시에 편입되었다. 현재 남은 토성 가운데 서벽이 가장 불완전하다. 이는 1925년의 홍수 때 유실되었기 때문이다.

성벽 중에서 가장 넓은 단면은 남벽에 57m나 되는 지점이 있다. 높이 는 약 6.5m에 이르는데 축성 당시는 이보다 더 넓고 높았을 것이다. 성 안의 현재 표토는 홍수 등으로 원래보다 4m나 높아졌지만, 당초 성안 에서의 성벽 높이는 10여m에 이르렀다. 물론 성 밖에서는 더 높았을 것으로 짐작된다.

이 거대한 규모의 성벽은 일정한 높이까지 넓은 폭으로 쌓아올리고

풍납토성

나서 다시 그 위에 성벽을 구축한 것으로 보인다. 성의 전체 평면은 장방형에 가까운 배[舟] 모양을 이루었다. 북벽과 동벽의 4군데는 단절되어 이를 성문터로 추정하고 있다. 한강유역의 백제유적 가운데 최대 규모의 토성이기도 하다.

1925년의 홍수 때 성의 남동쪽 끝 부근에서 삼국시대의 청동초두 2개가 발견되었다. 이어 1966년 유물 포함층 조사에서는 선사시대 이래 원삼국기와 백제 초기의 각종 토기와 기와류가 층위를 이룬 사실을 밝혀냈다. 1996년 동북쪽 작은 구역을 조사할 때는 지표 아래 약 4m의 바닥에서 원삼국기에서 백제 전기에 해당하는 집터가 떼를 이루어 층위별로 존재한다는 사실이 확인되었다. 그리고 각종의 토기를 비롯 가락바퀴와 그물추 등이 쏟아져 나왔다.

이 토성의 위상이 몽촌보다도 오히려 높았다는 것을 알려주는 유물은 토기와 기와이다. 이 같은 출토유물을 빌려 풍납토성이 거성(居城)이었음을 확인하게 되었다. 그리고 이웃한 몽촌토성(夢寸土城)과의 비교도 가능해졌다. 이 토성의 축조와 사용 목적에 대하여는 종래 『삼국사기』에 나타나는 기록을 토대로 여러 학설이 제기되어 왔다. 이 하나가 백제의 방어용 축성으로 사성(蛇城)에 해당한다는 주장이 있었고 또 다른 하나는 위례성(慰禮城)이나 한성(漢城)이 바로 이 토성이라는 주장이었다.

　고고학적 조사의 결과 백제 초기의 대표적 판축토성이며, 5세기경까지 존속된 것으로 보여 한성시대 백제의 본거지로 더욱 접근하고 있다. 이 토성은 석촌동고분군과 이웃한 몽촌토성·아차산성 등과 함께 백제 초기의 가장 중요한 도성유적의 하나로 인식되기에 이르렀다.

공주 공산성(公州 公山城)

　충청남도 공주시 산성동에 위치한 백제산성으로 사적 제12호이다.

　백제의 수도가 공주에 자리잡았을 무렵 도읍지를 지키기 위해 축조한 공산성은 공주를 지키던 백제의 산성으로서 금강변 야산에 있다. 원래는 흙으로 쌓은 토성이었으나, 조선시대에 석성으로 고쳤다. 쌓은 연대는 정확하지 않다. 백제 때에는 웅진성(熊津城), 고려시대에는 공주산성(公州山城)·공산성(公山城), 조선 인조(仁祖) 이후에는 쌍수산성(雙樹山城)으로 불렀다.

　이 산성에는 4방의 문터가 확인되었다. 남문인 진남루(鎭南樓)와 북문인 공북루(拱北樓)가 남아있고, 동문과 서문은 터만 보인다. 암문·치성·고대·장대·수구문 등의 방어시설이 남아있다. 성 안에는 쌍수정(雙樹亭)·영은사(靈隱寺)·연지(蓮池)·임류각지(臨流閣址), 그리고 만하루지(挽河樓址) 등이

공주 공산성

유명하다. 또한 연꽃무늬 와당을 비롯하여 백제기와·토기 등의 유물들과 고려·조선시대의 유물들이 많이 출토되었다.

백제멸망 직후에 의자왕이 부여를 빠져나와 잠시 머물었고, 백제부흥운동의 거점지이기도 하였다. 통일신라시대에는 김헌창(金憲昌)의 난(822)이 일어났고 조선시대 이괄(李适)의 난(1623)이 일어났을 때 인조는 이 성으로 피난하였다.

백제 성왕 16년(538)에 부여로 도읍을 옮길 때까지의 백제 도성이었으며, 이후 조선시대까지 지방행정의 중심지였던 탓에 역사적 가치가 큰 중요한 유적이다.

부여 청마산성(扶餘 靑馬山城)

충청남도 부여군 부여읍 능산리 월명산(月明山)에 자리한 백제산성으로 사적 제34호이다. 백제의 산성 중 가장 규모가 크며, 왕도인 사비 도성의 동쪽에 있다.

순수한 포곡식산성으로 현재 성내에는 망대(望臺)·우물터·건물터·절터가 남았다. 수구문(水口門)으로 추정되는 서쪽의 계곡 외에는 특별한 방어 시설은 보이지 않는다.

이 산성은 백제 말기의 수도인 사비를 방어하기 위한 외곽 시설로 축조된 것으로 보인다. 현재 서쪽 성벽이 가장 잘 남았는데, 높이는 약 4~5m, 너비 3~4m 정도이다. 동쪽 성벽도 이와 비슷하지만 많이 무너졌다. 무너진 부분의 단면층을 보면, 기초 부분으로 내려갈수록 잡석을 많이 넣어 축조하였다. 특히 기초 부분은 먼저 개흙(진흙)을 깔고, 위에 잡석을 깐 다음 성벽을 축조하는 방식을 썼다. 또한 다른 성과 같이 내부는 자연적인 호를 이루고 있다.

부여 청마산성

　북쪽 성벽에는 4, 5단의 석축 상태가 원형대로 남았다. 전반적으로 성벽의 붕괴가 심하나 성벽의 통과 지점은 확인할 수 있다. 지형상으로 보아 수구는 서쪽 성벽에 설치되어 있었던 것으로 추정된다. 수도였던 사비와 연락하기 위하여 이 산성의 주문은 서쪽 수구문 쪽으로 짐작은 가지만, 무너져서 알 수 없다.

　백제산성은 방어가 목적인 관계로 성문이 적은 것이 특징이다. 그래서인지 남문은 없고, 시야가 트인 지점에서 망대터로 여길 수 있는 흔적이 남았다. 성내 계곡 위쪽에 현재 농사땅으로 쓰는 지역이 당시 건물이었던 것으로 추정된다. 속칭 '각씨우물'로 전해 내려오는 우물터에서는 지금도 물이 풍부하게 나온다. 경룡사지(驚龍寺址)·의열사지(義烈寺址) 등이 산성에 남았고, 성 남쪽에는 유명한 능산리백제고분군이 있다.

　이 산성은 백제 왕도의 나성의 바깥을 지키는 산성으로 서쪽의 성흥산성(聖興山城)·북쪽의 증산성(甑山城)·남쪽의 석성산성(石城山城)과 함께 수도 사비를 보호하기 위한 외곽 방어시설로서 큰 의미를 지닌다.

부여 나성(扶餘 羅城)

충청남도 부여군 부여읍 염창리의 백제시대 성이다. 사적 제58호로 지정되었다.

백제의 수도 사비를 보호하기 위해 쌓은 이 나성의 둘레는 84㎞에 이른다. 부소산성(扶蘇山城)을 중심으로 동쪽과 서쪽의 자연지형을 따라 부여시가지 외곽을 둘러싸고 있다.

우리나라에서는 평양의 나성과 함께 가장 오래된 나성 중의 하나이다. 웅진(熊津, 지금의 공주)에서 사비(泗沘, 지금의 부여)로 수도를 옮긴 538년경에 쌓은 것으로 보인다. 성은 부소산성의 동문이 있던 자리에서 시작하여 금강변까지 흙으로 쌓아 축조하였다. 지금은 약간의 흔적만 남아있다.

성의 바깥쪽 벽은 급한 경사를 이루고 안쪽 벽은 완만하다. 성 위에서 말을 달릴 만한 곳곳에서 초소의 흔적이 보인다. 가장 높은 산봉우리인 필서봉에는 횃불을 올리던 봉수터와 건물터도 남아있다. 성 안에는 백제의 왕궁을 비롯하여 관청·민가·절·상가 및 방어시설 등이 계획적으로 자리를 잡았던 것으로 보인다.

부여 나성

나성의 남쪽과 서쪽으로 금강이 흐르고, 또 물길도 파놓아서 자연적인 2중 구조를 이루고 있다. 부여 나성은 청산성·청마산성과 함께 수도보호를 위한 외곽방어시설 기능을 지녔던 중요한 성이었다.

부여 청산성(扶餘 靑山城)

충청남도 부여군 부여읍 쌍북리의 부소산 동쪽 500m 지점의 낮은 구릉 위에 있다. 백제토성으로서 사적 제59호로 지정되었다.

백제 무왕(武王) 6년(605)에 사비에서 웅진으로 가는 길목을 지키기 위하여 나성과 함께 쌓았다. 외

부여 청산성

성의 북쪽 성벽은 나성과 연결되어 나성의 취약점을 보강하고, 방어능력을 높이기 위한 시설로 보인다. 하나의 독립된 산성이라기보다는 백제의 수도 사비를 보호하기 위해 부소산성(扶蘇山城)과 연결하여 쌓았던 보조 산성이었을 것이다.

약 300m 정도의 내성과 500m 정도의 외성으로 이루어진 2중 구조의 산성으로 보이지만, 내성은 거의 남아있지 않다. 산봉우리를 빙 둘러 쌓은 테뫼식산성으로 쌓았으며, 지금은 동북쪽 성벽의 윤곽이 비교적 잘 남아있다. 성 안 서부와 북부에 당시의 건물터로 보이는 흔적이 남아있다.

건지산성(乾芝山城)

충청남도 서천군 한산면 지현리
에 있다. 건지산(乾芝山)의 정상부
근을 에워싼 말안장 모양의 내성
과 그 서북쪽 경사면을 둘러싼 외
성의 2중 구조로 되어 있는 산성
이다. 사적 제60호로 지정되었다.

성을 쌓은 시기는 백제 말에서

건지산성

통일신라 전기로 보인다. 비교적 큰 규모의 산성으로 내성은 흙으로 쌓
았고, 외성은 돌과 흙을 함께 사용하였다. 이러한 2중 구조의 산성은
특히 백제 말에 나타난 새로운 산성의 형식으로 알려졌다. 또한 산성의
남서쪽 낮은 봉우리에는 2개의 소규모 산성이 자리하였다. 이는 건지산
성에 딸린 부속성으로 방어를 위한 보루로 보인다. 이 구조 역시 백제
식 산성의 특징이라 할 수 있다.

산성의 북쪽은 험준한 천연의 암벽을 일단 성벽으로 삼았고, 나머지
부분은 흙으로 쌓았으나 심하게 붕괴된 상태이다. 문터의 흔적은 찾을
수 없다. 성 안에 봉서사라는 작은 절이 있고 이 절 서쪽에 건물터로 보
이는 계단 모양의 평지에서 불탄 쌀과 백제의 토기조각이 출토되었다.

이 산성은 금강 하류 교통의 요지에 자리를 잡아 백제부흥운동군의
거점이었던 주류성(周留城)으로 추정하고 있다. 그러나 최근 발굴조사
를 통하여 삼국시대에 쌓은 성이 아닌 고려시대 산성일지도 모른다는

설이 제기되었다.

부여 석성산성(扶餘 石城山城)

충청남도 부여군 석성면 현내리의 파진산의 지맥에 축조된 포곡식산성이다. 사적 제89호로 지정되었다. 연산(連山)의 황산성(黃山城), 노성(魯城)의 노성산성(魯城山城) 및 금강 건너의 성흥산성(聖興山城), 뒤쪽의 금성산성과 연결되는 백제의 수도 사비 남쪽 외곽을 방어하기 위해 쌓은 산성이다.

이 산성은 안쪽에 성을 세운 다음 다시 성 밖에 2개의 골짜기를 따라 성을 쌓았다. 현재는 성문터와 성문 밑으로 개울물을 흘려 보냈던 수구문과 더불어 우물터와 건물터들이 남아있다. 축성시기는 대략 6세기 전반에 세워진 것으로 보인다. 둘레 약 1,600m, 폭 약 5m, 높이 4m 정도로 조사되었다. 바깥쪽은 돌을 쌓아 올리고, 안쪽은 흙을 파서 도랑(호)처럼 만들어 놓았던 흔적이 보인다.

현재 성벽은 모두 무너졌다. 성벽이 통과하는 계곡 입구에 설치되었던 수구(水口)도 파괴되어 원래의 모습을 알 수 없다. 오른쪽 수구에 해당하는 부분은 좌우로 성벽과 연결되도록 돌덩이들을 3~4m 정도의 높이로 쌓아 올린

부여 석성산성

것을 확인할 수 있다. 성 안의 가운데 산등성이에는 토기조각과 기와조각들이 많이 흩어져 건물터로 추정되었다.

이 성은 사비성이 함락된 뒤에도 당나라군과 신라 및 백제부흥군이 치열한 전투를 벌였던 유서 깊은 유적이다.

대흥 임존성(大興 任存城)

충청남도 예산군 대흥면 상중리의 봉수산(鳳首山) 꼭대기에 위치한 산성이다. 사적 제90호로 지정되었다. 백제 때 수도 경비의 외곽기지 역할을 한 성이기도 하다. 백제가 고구려의 침입에 대비하여 쌓은 것으로 짐작되는 이 산성의 둘레는 약 3km에 이른다.

현재는 성문터와 성문 밑으로 개울물이 흐르던 수구문, 그리고 우물터·건물터가 남아있다. 성벽의 바깥쪽은 돌을 다듬어 차곡차곡 쌓고, 안쪽으로는 흙을 파서 도랑처럼 만들어 놓았다. 또한 성의 네 모퉁이를 튼튼하게 하기 위해 다른 곳보다 약 2m 정도 더 두껍게 쌓았다.

대흥 임존성

백제가 멸망한 뒤에는 주류성(周留城)과 더불어 백제부흥군의 항전 기지로 사용되었다. 사비성을 되찾기 위한 부흥군의 마지막 근거지였던 것이다. 이 성에서 흑치상지(黑齒常之)를 중심으로 백제의 부흥을 꾀하였으나 실패했다. 또한 후삼국시대에는 고려 태조 왕건과 견훤이 전투를 벌였던 것으로 알려졌다.

익산토성(益山土城)

전라북도 익산시 금마면 서고도리에 있다. 오금산(五金山) 정상에서 남쪽으로 작은 계곡을 둘러싸고 축조된 산성으로 사적 제92호로 지정되었다. 흙과 돌로 성을 축조하였다. 오금산성(五金山城) 또는 보덕성(報德城)이라고도 말한다.

이 산성에서 발견되는 유물들을 볼 때 6세기 후반에서 7세기 전반에 이르는 시기에 쌓은 성으로 추정하고 있다. 현재는 남문자리와 성문 밑으로 개울물을 흘려 보냈던 수구자리와 함께 건물자리가 남아 있다.

이 성은 보덕성이라고도 부르는데, 그 이유는 보덕국(報德國)의 왕 안승(安勝)이 670년 익산에 자리잡은 뒤 684년까지 세운 보덕국의 소재지였다는 일부 자료를 근거로 붙여진 것이다. 그러나 확실한 근거는 없다.

1980년대에 2차례의 발굴조사가 이루어졌다. 이때 발견된 유물들은 대부분이 흙으로 만든 그릇 조각과 기와 조각이다. 이 가운데 백제 말기의 토기와 기와류가 주종을 이루고, 통일신라와 고려시대의 유물도 출토되었다. 이들 출토유물로 보아 백제가 크게 성장하던 시기에 축조되어 오랫동안 사용하

익산토성

였던 것으로 짐작된다. 또한 성 부근에서 청동으로 만든 유물들이 발견되어 유적의 중요성을 더해주고 있다.

증산성(甑山城)

충청남도 부여군 규암면 신성리에 위치한 석축산성이다. 사적 제156호로 지정되었다. 흰 돌을 사용하여 쌓은 성이 마치 시루를 올려놓고, 테를 바른 것처럼 보여 시루메산성이라고도 부르는 백제산성이다. 성왕 16년(538) 수도를 사비로 옮기고 나서 도읍지를 보호하기 위해 쌓은 것으로 추정된다. 약 600m의 둘레에 높이는 2~3m 정도이다. 성의 남쪽 부분은 비교적 잘 남았지만, 다른 부분은 거의 무너진 상태이다. 서쪽·남쪽·북쪽에 각각 문자리 흔적이 남아있다. 성벽은 자연 지세를 이용하여 쌓았지만, 다른 성에 비하면 정교하지 못한 편이다. 성 안에서는 백제토기와 기와조각이 출토되었다. 동쪽에는 우물터가 있다. 은산면의 이중산성과 서쪽으로 옥녀봉산성과 서로 바라보는 가운데 연결되었다.

증산성

증산성은 신라 문무왕 12년(672) 정월에 백제 고성성(古省城)을 쳐서 이겼다는 기록에 나타나는 고성성으로 여기는 이들도 있다. 백제 부흥운동군의 한 거점으로 짐작되는 산성이기도 하다.

몽촌토성(夢村土城)

　서울특별시 송파구 오륜동 올림
픽공원 내에 위치한 토성으로 한
강의 지류인 성내천 남쪽에 위치
하였다. 둘레가 약 2.7㎞에 이르는
이 백제 전기의 토성은 사적 제297
호로 지정되었다.

몽촌토성

　자연 지형을 이용해 진흙으로 성
벽을 쌓고, 나무 울타리로 목책을 세웠던 흔적도 확인되었다. 또한 자
연 암반층을 인공적으로 깎아 만든 급경사 흔적과 함께 성을 둘러싼 물
길인 해자도 찾아냈다. 그리고 문터와 집자리 및 저장용 구덩이가 확인
되었고, 동전무늬가 찍힌 자기조각과 여러 종류의 토기류와 더불어 철
제 무기류 등의 유물이 나왔다. 특히 동전무늬가 찍힌 자기조각은 중국
서진(西晉, 265~316)대의 유물이어서 시대를 가늠할 수 있게 되었다.

　성의 성격에 대해서는 두 가지 의견이 있다. 백제의 도성인 위례성이
라는 견해와 방어용 성이라는 견해가 그것이다. 위치·규모·출토유물
로 보아 백제 초기 군사적·문화적 성격을 살필 수 있는 좋은 유적이
다. 주변에 풍납토성과 석촌동고분군을 비롯한 백제 전기의 유적이 넓
게 분포되어 역사적으로도 대단한 뜻을 가지고 있다.

파주 오두산성(坡州 烏頭山城)

파주 오두산성

경기도 파주군 탄현면 성동리에 위치한 산성으로 사적 제351호로 지정되었다. 이 산성은 한강과 임진강이 서로 만나는 지점인 오두산(烏頭山) 정상(표고 119m)을 중심으로 자리를 잡은 길이 약 620m에 이르는 테뫼식산성이다. 서쪽은 임진강, 남쪽은 한강과 면하는 가파른 자리에 축조되었다. 본래는 서해의 바닷물이 동쪽으로 들어왔으나, 지금은 한강변에 제방을 쌓아 농경지로 변하였다. 북쪽은 산록으로 연결되고 있다.

이 유적 일원을 대상으로 한 현지조사에서 정연하게 남은 당시 성벽의 흔적을 확인하였다. 이때 임진강과 한강 합류지점인 서안쪽에서 높이 1~1.5m, 길이 약 30m, 폭 6~7m 규모의 성벽이 조사되었다. 성벽은 기초석 위 지대석(5~15㎝)을 들여쌓기 하여 내측은 전부 돌로만 채운 뒷채움식형식으로 큰 암반을 떠다 사용하였다. 그리고 단면을 성벽으로 이용한 고식의 성곽 모양을 갖추어 백제시대 관방 연구의 중요자료로 떠올랐다.

오두산성의 위치 및 산형 등 주변 지형여건을 근거로 성의 명칭을 금석문과 문헌사료에서 찾는 경향이 있다. 이 가운데 하나가 광개토대왕릉비와 『삼국사기』 고구려본기 광개토왕 원년조(391)와 백제본기 아신왕 2년

조(393) 등 문헌기록에 나오는 백제북변의 '관미성(關彌城)'이라는 주장이다. 김정호(金正浩)의 『대동지지』에도 이 오두산성을 백제의 관미성이라고 기록하였다. 그래서 학계의 비상한 관심을 끌고 있는 곳이기도 하다.

논산 노성산성(論山 魯城山城)

충청남도 논산시 노성면 송당리에 위치한 산성이다. 사적 제393호로 지정되었다.

백제시대에 축성한 것으로 추정되며 자연적인 지세를 교묘하게 이용하여 둘레 약 1㎞를 석축으로 거의 완벽하게 축조한 성곽유적이

논산 노성산성

다. 동면·북면·서면을 다듬은 산돌을 써서 쌓았고, 상봉(上峰)에는 장대지(將臺址)로 보이는 자리와 함께 동벽으로 약간 내려온 지점에는 봉수대(烽燧臺) 자리가 남아 있다. 아직도 좋은 우물이 남은 성 안에서는 많은 유물파편이 발견된다. 연산(連山) 황산성(黃山城)과 함께 백제와 신라가 대치했던 최후의 방어선에 위치한 산성이기도 하다. 삼국시대로부터 조선시대에 이르기까지 계속 사용했던 것으로 전해지고 있다.

충주 장미산성(忠州 薔薇山城)

충주시 가금면에 있는 산성이다. 장미산의 능선을 따라 약 2.9㎞ 둘레

충주 장미산성

로 쌓은 삼국시대 산성으로 사적 제400호로 지정되었다.

『신증동국여지승람(新增東國輿地勝覽)』14권을 보면, "하천 서쪽 28리에 옛 석성이 있다"라고 기록되었다. 또 『대동지지(大東地志)』에는 "장미산의 옛 성터가 남아있다"는 기록이 보인다. 1992년에 이루어진 조사에서 발견된 토기조각과 기와조각은 이 산성의 역사를 얼마만큼 드러내 보인다. 이들 유물은 백제·고구려·신라가 차례로 이 성을 차지했다는 사실을 입증하였다.

북쪽에 자리한 절 봉학사 지역 일부를 빼고는 성벽이 그런대로 원래 모습을 간직하였다. 성벽은 돌을 대강 다듬어 직사각형으로 쌓았는데, 서쪽과 서남쪽에서 그 모습을 살필 수 있다. 또한 북쪽 정상부분의 성벽을 따라 마련한 좁고 긴 군사용 참호는 주변 성벽의 재료를 뽑아다 만든 것으로 보인다.

남쪽의 대림산성과 강 건너편 탄금대의 토성, 충주산성은 서로를 보호하며 돕는 보완 위치였을 것이다. 파주의 오두산성(사적 제351호)과 지형조건이 비슷해 성을 쌓은 시대나 배경 등을 짐작하기가 어렵지 않은 유적이다.

백산성(白山城)

전라북도 부안군 백산에 있는 산성지이다. 대략 660~663년 사이에 축조한 것으로 보이는 이 유적은 사적 제409호로 지정되었다.

백산성

백산성은 백산 정상을 둘러 쌓아 축조하였다. 바깥 성을 포함한 4개의 단을 이루었다. 토단 바깥으로는 말뚝을 박아 울타리를 둘렀을 것으로 짐작된다. 일부는 훼손되었으나, 건물터와 옛 우물터는 남아 있다. 그리고 성 안에서 삼국시대 토기조각들과 높이 3~4m 정도의 토단층이 발견되었다. 이 산성은 동학농민운동(東學農民運動) 때 동학군이 근거지로 사용하기도 하였다.

순천 검단산성(順天 檢丹山城)

전라남도 순천시 검단산 정상부에 있다. 산봉우리를 둘러싼 테뫼식산성으로 광양만이 훤히 보이는 요새이다. 1995년 전라남도 기념물 제157호로 지정되었다가, 1999년 사적 제418호로 재지정되었다. 성의 둘레는 430m, 성벽의 높이는 3~6m이다. 현재 도상에는 조선산성으로 표기되어 있으나, 문헌상으로 뚜렷한 기록을 확인할 수는 없다. 구전에 의하면, 산형이 칼로 베인 것처럼 생겼다 하여 ‘검단산성(檢丹山城)’이라 했다는 것이다.

순천 검단산성

처음에는 정유재란 시 조·명연합군이 신성리의 왜교성에 주둔한 왜군과 대치하면서 쌓은 조선시대의 산성으로 알려지기도 하였다. 순천대학교의 정밀지표조사 및 2차례의 발굴조사에서 삼국(백제)시대부터 축조되어 사용한 것으로 확인되었다. 성 내에서 익산 왕궁리나 대전 월평동 등지에서 출토된 것과 유사한 백제시대의 평기와가 다수 수습되어 이를 입증하였다. 출토유물로 보아 이 산성은 백제 때 축성되어 군사시설로 이용되다가 정유재란 이후 폐허가 된 것으로 짐작된다.

성 내에서는 성벽 430m와 문지 3개소, 건물지 3개소, 대형우물지 1개소, 저장공 2개소의 유구와 함께 기와류, 토기 및 철기류, 목기류, 석기류 등 다양한 유물들이 조사되었다. 특히 성곽 내 최하단부에 위치한 대형우물에서는 많은 목기류와 목조가구가 확인되어 백제시대 산성과 생활상을 이해하는데 귀중한 자료를 제공하였다.

이 성은 해안 가까운 곳의 군사상 요충지 및 요해처에 자리를 잡았다. 그래서 유사시에 곧바로 들어가 방어나 역습 등의 전술을 수행할 유리한 입지조건을 갖추었다. 더구나 주변의 해안과 산형지세를 이용하여 성벽을 돌렸기 때문에 성 내의 공간도 넓고, 외부에 노출을 가릴 수도 있다. 계란모양의 타원형으로 산 정상의 외곽을 돌렸으며, 총연장 길이는 약 1,500m 정도이다.

성벽은 산의 경사면에 의지하여 한쪽 면만을 돌로 쌓는 편축방법으로 내탁(內托)하여 쌓았다. 검단산성은 축성 목적으로 보아 군사적인 성이지만, 지형으로는 산성이다. 그리고 위치로는 해안에 인접한 내륙성이고, 평면형상으로는 타원형의 폐합부정형성(閉合不定形城)이기도 하다. 또한 중복도에 의해서는 단곽성으로 구분될 수도 있다.

2) 기타 지정유적(其他 指定遺蹟)

連番	지정번호 指定番號	명 칭 名 稱	소재지 所在地	전 경 前 景
1	시도기념물 제76호 (경기도) 市道記念物 第76號 (京畿道)	설성산 설성지 雪城山 雪城址	경기 이천시 장호원읍 선읍리 931	
	내용 內容	설성산의 지형을 이용하여 쌓은 산성. 둘레 1km, 폭 5m, 높이 4~5m. 대부분 돌로 쌓았으나 동쪽 능선에는 흙과 돌을 섞어 쌓음. 동·서·북쪽에 문지 확인. 초기에는 백제성이었으나 고구려와 신라가 이 지역을 통치했을 때 보완하여 축조한 것으로 추정.		
2	시도기념물 제138호 (경기도) 市道記念物 第138號 (京畿道)	망이산성 望夷山城	경기 안성시 일죽면 금산리, 경기 이천군 율면 산양리	
	내용 內容	망이산 정상에 내성과 외성으로 나누어진 이중성. 내성은 백제 때, 외성은 통일신라 때 축조된 것으로 추정됨. 내성에는 북쪽에, 외성은 3곳에서 문지가 확인되었으며, 치성도 발견됨.		

連 番	지정번호 指定番號	명 칭 名 稱	소재지 所在地	전 경 前 景
3	시도기념물 제143호 (경기도) 市道記念物 第143號 (京畿道)	양주 대모산성 楊州 大母山城	경기 양주군 주내면 어둔리, 백석면 방성리 일대	
	내용 內容	대모산의 산꼭대기를 둘러싼 테뫼식산성. 삼국시대에 축성된 '매초성'으로 추정. 성벽의 둘레는 1.4km로 북쪽의 문지를 제외한 부분은 현재 소실됨. 높이는 4~5m이나 너비는 지세에 따라 다름.		
4	시도기념물 제174호 (경기도) 市道記念物 第174號 (京畿道)	호로고루지 瓠蘆古壘址	경기 연천군 장남면 원당리 1259번지 외 9필지	
	내용 內容	임진강 북쪽 벌판에 위치한 평지성. 전체 둘레 401m. 남벽은 돌벽을 활용하여 성벽을 구축하고 북벽은 급경사를 만듦. 동벽의 남쪽 부분에 성문이 있었을 것으로 추정함. 축성연대는 4세기경으로 추정.		
5	시도기념물 제1호 (인천광역시) 市道記念物 第1號 (仁川廣域市)	문학산성 文鶴山城	인천 남구 문학동 산 27-1 외 2필	
	내용 內容	문학산 정상부에 위치한 석성. 테뫼식으로 내·외성으로 구분되며 성 내에는 봉수대가 있음. 전 구간이 마름돌로 되어 있으며, 성석은 퇴물림을 하고 있음.		

連番 番	지정번호 指定番號	명칭 名稱	소재지 所在地	전경 前景
6	시도기념물 제30호 (충청남도) 市道記念物 第30號 (忠淸南道)	예산산성 禮山山城	충남 예산군 예산읍 산성리	
	내용 內容	산성리의 서북쪽 평야에 위치한 낮은 야산에 흙으로 쌓은 성터. 옛 기록에는 '오산성'이라고 함. 무한천에 의하여 천연적인 방어시설을 형성함. 백제부흥군이 당나라군과 싸운 곳으로 전해짐.		
7	시도기념물 제56호 (충청남도) 市道記念物 第56號 (忠淸南道)	황산성 黃山城	충남 논산시 연산면 표정리 산 20	
	내용 內容	연산·논산 평야가 보이는 산봉오리를 둘러 쌓은 석성. 등고선을 따라 성벽을 축성. 성의 동·서·남·북에 문지가 확인되며, 북쪽 봉우리에는 장대터로 짐작되는 넓은 대지 존재. 현재 성의 높이는 서쪽이 2m, 동쪽이 1.8m이고, 둘레는 870m임.		
8	시도기념물 제67호 (충청남도) 市道記念物 第67號 (忠淸南道)	배방산성 排芳山城	충남 아산시 송악면 신흥리 산 19	
	내용 內容	성재산 정상부를 둘러 쌓은 테뫼식산성. 길이는 1.5km이나 대부분 무너졌으며 남쪽에 15m정도 성벽이 잔존. 자연할석을 이용하여 축성하였고, 안쪽에 석재·잡석을 이용하여 길이모쌓기를 하였음.		

連 番	지 정 번 호 指定番號	명 칭 名 稱	소 재 지 所在地	전 경 前 景
9	시도기념물 제77호 (충청남도) 市道記念物 第77號 (忠淸南道)	연기 이성 燕岐 李城	충남 연기군 전동면 송성리 산 26	

내용 內容	이성산 정상부를 둘러 쌓은 테뫼식산성. 둘레 790m, 폭 2m, 높이 2~5m이며, 남쪽 성벽만 원형을 보존하고 있음. 도랑을 판 흔적이 있으며, 서 · 남쪽에 문지가 있음. 기와조각을 통해 볼 때 백제 말기에 축성한 것으로 보임.

10	시도기념물 제78호 (충청남도) 市道記念物 第78號 (忠淸南道)	연기 금이성 燕岐 金伊城	충남 연기군 전동면 송성리 산 86	

내용 內容	금성산 정상부를 둘러쌓은 테뫼식산성. 길이 714m, 폭은 4.5~5m 정도이며, 동 · 서 · 북쪽에 문지의 흔적이 있음. 문은 다락문과 같은 현문식임. 성 안에는 망루터와 함께 정상부에 건물지의 흔적이 발견됨.

11	시도기념물 제79호 (충청남도) 市道記念物 第79號 (忠淸南道)	연기 운주산성 燕岐 雲住山城	충남 연기군 전동면 청송리 산 90 외	

내용 內容	『삼국사기』의 금현성으로 추정됨. 내성과 외성이 함께 축조되었음. 기록에 의하면 조선 초기에는 이미 폐성이 되어 있다는 기록을 통하여 고대의 성지로 추정됨. 성에서 수습된 기와편을 통해 백제시대에 축성한 것으로 보이며, 백제부흥군의 최후의 항전지로 알려짐.

連番	지정번호 指定番號	명칭 名稱	소재지 所在地	전경 前景
12	시도기념물 제81호 (충청남도) 市道記念物 第81號 (忠淸南道)	우산성 牛山城	충남 청양군 청양읍 읍내리 산 4-1 외	
내용 內容	테뫼식 석축산성. 둘레는 약 965m이며, 자연지형을 이용한 동쪽 일부를 제외하면 모두 석축임. 협축이 대부분이나 지형에 따라서 외축한 곳도 있음. 장대 시설과 치성이 확인됨. 북문지가 가장 잘 남아 있는데 성벽보다 약 2m 안쪽으로 들여서 문을 축조.			
13	시도기념물 제83호 (충청남도) 市道記念物 第83號 (忠淸南道)	금산 백령성 錦山 栢嶺城	충남 금산군 남이면 역평리 산 16	
내용 內容	선태산 동쪽에 있는 산성으로 산 정상부를 둘러 쌓은 테뫼식산성. 둘레는 900m이며, 서쪽 성벽이 비교적 잘 남아 있음. 산봉우리에 봉화를 피웠던 장소가 있어 봉수대가 설치되어 운영되었음을 알 수 있음.			
14	시도기념물 제92호 (충청남도) 市道記念物 第92號 (忠淸南道)	논산 황화산성 論山 皇華山城	충남 논산시 등화동 산 2 외 6필	
내용 內容	등화동의 구릉성 야산에 위치. 계곡을 포함하여 쌓은 토성. 둘레는 840m이며, 사방에 각각 성문지가 확인됨. 성벽은 안쪽 높이 4.5m, 바깥쪽 5m이고, 윗부분의 너비는 1.2m임. 백제시대의 토기류와 기와류가 발견됨.			

連番	지정번호 指定番號	명 칭 名 稱	소재지 所在地	전 경 前 景
15	시도기념물 제96호 (충청남도) 市道記念物 第96號 (忠淸南道)	서천 남산성 舒川 南山城	충남 서천군 서천읍 남산리 산 22-1 외 4필	
	내용 內容	서천군 남산 정상부를 둘러 쌓은 테뫼식산성. 둘레 620m로, 남문지와 동문지가 확인됨. 성 안에는 6~9m의 통로가 성벽을 따라 돌아가고 있음. 현재 성벽은 남쪽과 북쪽에 남아있음. 발견 유물을 통해 삼국시대부터 사용된 것으로 추정됨.		
16	시도기념물 제99호 (충청남도) 市道記念物 第99號 (忠淸南道)	공주 옥녀봉성 公州 玉女峰城	충남 공주시 옥룡동 산 2-1	
	내용 內容	공산성의 동쪽에 인접한 옥녀봉 정상에 쌓은 테뫼식토성. 길이 약 870m에 달하는 토축성이나 대부분이 붕괴되어 원상을 알 수 없음. 전체 평면은 정방형 또는 타원형에 가까움. 백제시대의 토기·기와편이 발견됨. 공산성에 딸린 보조 산성으로 추정.		
17	시도기념물 제104호 (충청남도) 市道記念物 第104號 (忠淸南道)	직산 사산성 稷山 蛇山城	충남 천안시 직산면 군동리 산 10-4	
	내용 內容	직산면 성산을 감싸고 둘러 쌓은 토성. 『동국여지승람(東國與地勝覽)』에 의하면 둘레가 2,947척으로 기록됨. 백제나 고구려의 것으로 보이는 토기들과 신라계 유물에 속하는 토기와 기와조각 등이 발견됨. 마한의 묵지국이 쌓은 것으로 추정하기도 함.		

連番 番	지정번호 指定番號	명 칭 名 稱	소재지 所在地	전 경 前 景
18	시도기념물 제106호 (충청남도) 市道記念物 第106號 (忠淸南道)	천안 백석동 선사유적 및 백제토성 天安 白石洞 先史遺蹟 및 百濟土城	충남 천안시 백석동 527-8, 541-3, 629-1	
	내용 內容	백제의 토성과 성 내의 청동기시대의 집자리 유적임. 야산 정상에 테 모양으로 축조하였으며, 둘레는 약 260m임. 성벽은 판축법으로 축조하였으며, 이를 위해 기둥을 세운 흔적이 120~150㎝ 간격으로 배치됨. 성 외부에는 5~6m 거리에 성벽 주위를 돌려 판 도랑이 있음.		
19	시도기념물 제148호 (충청남도) 市道記念物 第148號 (忠淸南道)	천안 성거산 위례성 天安 聖居山 慰禮城	충남 천안시 북면동 운용리 산 81 외 2필	
	내용 內容	발굴조사 결과 백제 때 축성된 테뫼식산성의 성거산성, 사산성 등과 함께 방어용으로 사용되었을 것으로 추정됨. 산성의 둘레는 950m임.		
20	시도기념물 제153호 (충청남도) 市道記念物 第153號 (忠淸南道)	은산 당산성 恩山 堂山城	충남 부여군 은산면	
	내용 內容	해발 60m의 낮은 산봉우리를 둘러싼 토성으로 내성과 외성으로 구분. 성 둘레는 내성이 약 180m이고, 외성이 약 250m임. 외성은 대부분 개간되었으며, 내성은 현재 부분적으로 형태가 남아 있음.		

連番 番	지정번호 指定番號	명 칭 名 稱	소재지 所在地	전 경 前 景
21	시도기념물 제150호 (충청남도) 市道記念物 第150號 (忠淸南道)	두릉산성 (두릉이성) 豆陵山城 (豆陵伊城)	충남 청양군 정산면 백곡리 산 18	
	내용 內容	백실부락의 배후의 산봉우리에 자연지형에 의지하여 축조한 산성. 백제멸망 후 백제부흥군의 항전지로 추정됨.		
22	시도기념물 제263호 (충청남도) 市道記念物 第263號 (忠淸南道)	성거산성 聖居山城	충남 천안시 성거읍 천흥리	
	내용 內容	성거산 정상에 쌓은 산성. 위례성의 익성(翼城)으로 추정됨.		
23	시도기념물 제277호 (충청남도) 市道記念物 第277號 (忠淸南道)	외성산성 外城山城	충남 논산시 부적면 외성리 산 16-2	
	내용 內容	해발 118m지점의 산봉우리를 빙 둘러 흙으로 쌓음. 성의 둘레는 400m이며, 성벽의 높이는 1.5m이고, 문터는 뚜렷하게 남아있지는 않지만, 외성리 마을쪽으로 올라오는 길목 쯤이라고 여겨짐. 백제 토기류가 발견되었으며, 연산에 위치한 황산성의 외성으로 보임.		

連番 番	지정번호 指定番號	명칭 名稱	소재지 所在地	전경 前景
24	시도기념물 제360호 (충청남도) 市道記念物 第360號 (忠淸南道)	홍성 장곡산성 洪城 長谷山城	충남 홍성군 장곡면 산성리 산 28-2 외	

	내용 內容	산성 주변을 지표조사한 결과 명문와편과 함께 각종 청동제 방울, 백제토기 등이 발견됨. 산성 내에 동굴이 있는 것이 특징임. 주변환경과 조사된 유물로 보아 백제부흥군의 주거점인 주류성(周留城)으로 추정하고 있음.

25	시도기념물 제368호 (충청남도) 市道記念物 第368號 (忠淸南道)	홍산 태봉산성 鴻山 胎峰山城	충남 부여군 부여읍 홍산면 북촌리 산 12	

	내용 內容	홍산초등학교 북쪽에 있는 표고 90m의 산 꼭대기에 만들어진 산성. 성벽의 서쪽 부분이 일부분 잘려나감. 현재 성벽의 윤곽은 뚜렷하지 않음. 성 안에서 조사된 유물로 보아 성의 기능을 한 때는 백제의 사비천도 이후일 것으로 추정함. 고려 후기 최영의 홍산대첩이 있던 곳이기도 함.

26	시도기념물 제6호 (대전광역시) 市道記念物 第6號 (大田廣域市)	구성리 산성 九城里 山城	대전 유성구 구성동 산 4-3	

	내용 內容	성두산 정상에 위치한 토축산성으로 현재는 윤곽만 확인할 수 있음. 정상부에 축조한 북성과 산 능선을 따라 축성된 남성으로 구분. 북성은 동북부에 문지가 확인되며, 전체 둘레는 330m임. 남성은 둘레가 250m이고, 문지는 북성과의 접합부에 2개가 확인됨. 노사지현의 치소로 추정하고 있음.

連 番	지정번호 指定番號	명 칭 名 稱	소재지 所在地	전 경 前 景
27	시도기념물 제7호 (대전광역시) 市道記念物 第7號 (大田廣域市)	월평동 산성 月坪洞 山城	대전 서구 월평동 산 12-2	
	내용 內容	산 정상부를 따라 쌓은 포곡식산성으로 성 둘레는 약 710m임. 성벽은 붕괴되어 원 모습을 찾아 보기는 어려우나 윤곽은 확인 가능. 문지는 동·서·북벽에서 확인됨. 성 안에는 내호가 있었던 것으로 보이며, 삼족토기를 비롯한 각종 토기편이 발굴조사됨.		
28	시도기념물 제8호 (대전광역시) 市道記念物 第8號 (大田廣域市)	질현성 迭峴城	대전 대덕구 비래동 산 31-1	
	내용 內容	질티고개 북쪽 정상의 산세를 이용하여 돌과 흙을 섞어 쌓은 산성. 성의 둘레는 800m임. 동·서·남벽에서 문지가 확인됨. 성 내에서 백제, 신라시대의 토기 이외에 조선시대 자기조각이 발견되었음. 학계에서는 지라성으로 보는 견해도 있음.		
29	시도기념물 제9호 (대전광역시) 市道記念物 第9號 (大田廣域市)	우술성 雨述城	대전 대덕구 읍내동 산 19-1	
	내용 內容	갑천변에 테뫼식으로 쌓은 토성. 성의 평면 모습은 거의 삼각형을 이루고 있으며, 성 둘레는 580m임. 서·북벽은 석재가 일부 노출되어 있고, 동벽은 토루의 모습을 이루며, 바깥면의 높이가 2.2m정도임. 문터는 남문터만 확인됨. 백제시대 우술군(雨述郡)의 치소라고 알려져 있음.		

連番 番	지정번호 指定番號	명 칭 名 稱	소 재 지 所在地	전 경 前 景
30	시도기념물 제10호 (대전광역시) 市道記念物 第10號 (大田廣域市)	보문산성 寶文山城	대전 중구 대사동 산 3-45	

	내용 內容	보문산의 남쪽 기슭에 위치. 성벽은 자연지형에 따라 간단하게 가공한 네모지게 생긴 석재를 사용하여 적심방법(돌채 움방법)으로 축조함. 발굴조사 결과 남문터가 확인되었으며, 현재의 주된 통로인 북문은 고려시대에 성문 폭을 좁혀 사용한 것임이 드러남.

31	시도기념물 제13호 (대전광역시) 市道記念物 第13號 (大田廣域市)	적오산성 赤鰲山城	대전 유성구 덕진동 산 19-1 외 3 필지	

	내용 內容	적오산 정상에 축조된 석축산성으로 산의 지형을 이용한 테뫼식산성. 성벽은 거의 붕괴되었으나 윤곽은 확인 가능함. 평면형태는 마름모꼴이며 둘레는 730m 정도임. 문지는 동·서·남·북에 4개의 문지가 확인됨. 성 내에서 출토된 유물은 백제시대 이외에도 다양함. 백제의 소비포현의 치소로 추정함.

32	시도기념물 제15호 (대전광역시) 市道記念物 第15號 (大田廣域市)	흑석동 산성 黑石洞 山城	대전 서구 봉곡동 산 26-1	

	내용 內容	봉곡동에 위치한 고무래봉 정상에 위치한 산성으로 테뫼식산성. 둘레는 470m이며, 성벽은 자연석을 이용하여 축성하였고, 바깥쪽 벽만 돌로 쌓고 안쪽은 흙과 잡석을 채워 축성함. 문터는 현재 남문터만이 확인되었음. 백제의 개배가 출토되어 축조시기를 짐작케 함.

連 番	지정번호 指定番號	명 칭 名 稱	소재지 所在地	전 경 前 景
33	시도기념물 제16호 (대전광역시) 市道記念物 第16號 (大田廣域市)	안산동 산성 案山洞 山城	대전 유성구 안산동 산 40-42	
	내용 內容	고조산 정상에 쌓은 테뫼식산성. 둘레는 약 600~800m이고, 성벽 안쪽에 교통호가 남아 있음. 지형을 따라 3층의 계단식 모양으로 축성하여 3중의 산성처럼 보이는 것이 특징. 성안에 창고지가 보이며, 북쪽으로 통로가 나 있음.		
34	시도기념물 제22호 (대전광역시) 市道記念物 第22號 (大田廣域市)	백골산성 白骨山城	대전 동구 신하동 산 13	
	내용 內容	백골산 정상에 쌓은 테뫼식산성. 성의 둘레는 400m정도임. 원래의 모습은 현재 찾아보기 어려우며, 지형적인 위치상 전략적 요충지였음이 짐작됨.		
35	시도기념물 제24호 (대전광역시) 市道記念物 第24號 (大田廣域市)	계현산성 鷄峴山城	대전 동구 삼괴동 산 3-1	
	내용 內容	삼괴동의 닭재 위의 북쪽 봉우리를 감싸고 축성한 산성으로 성의 둘레는 220m정도임. 남·북에 문지가 확인됨. 성 내에서 백제시대의 것으로 추청되는 토기 및 기와조각이 발견되었음.		

連 番	지정번호 指定番號	명 칭 名 稱	소 재 지 所在地	전 경 前 景
36	시도기념물 제25호 (대전광역시) 市道記念物 第25號 (大田廣域市)	비파산성 琵琶山城	대전 동구 이사동 산 18	
내용 內容	자연석을 이용하여 산꼭대기를 빙둘러 축성한 산성. 현재는 거의 대부분이 붕괴된 상태임. 축성방법 또한 알수 없는 상태이며, 남문지만이 확인 가능함. 성 내에서 백제시대의 것으로 보이는 토기 및 기와조각이 발견되었음.			
37	시도기념물 제30호 (대전광역시) 市道記念物 第30號 (大田廣域市)	마산동 산성 馬山洞 山城	대전 동구 마산동 산 6	
내용 內容	해발 220m의 산정상부를 둘러 쌓은 테뫼식산성. 성벽의 둘레는 220m 정도로 현재는 거의 무너져 내려 원 모습을 찾아보기 어려우며, 현재 남쪽벽만이 남아 있음. 성벽의 안쪽 부분에서 방공호의 기능을 가진 것으로 추정되는 통로 발견.			
38	시도기념물 제83호 (충청북도) 市道記念物 第83號 (忠淸北道)	진천 대모산성 鎭川 大母山城	충북 진천군 진천읍 성석리 산 1-4	
내용 內容	낮은 구릉지 위에 쌓은 포곡식산성으로 내·외성과 자성을 갖추고 있음. 성의 길이는 1,260m에 이르며 남·북에 문지가 확인됨. 『삼국사기(三國史記)』에 보이는 모산성으로 추정.			

連 番	지정번호 指定番號	명 칭 名 稱	소 재 지 所在地	전 경 前 景
39	시도기념물 제9호 (전라북도) 市道記念物 第9號 (全羅北道)	남원 교룡산성 南原 蛟龍山城	전북 남원시 산곡동 16-1	
	내용 內容	교룡산의 지세를 이용하여 쌓은 산성. 둘레 3,120m. 현재 동문과 옹성, 군데군데 성벽이 남아 있음. 성을 쌓은 입지나 형식을 통해 볼 때 백제시대에 축성된 것으로 보임.		
40	시도기념물 제13호 (전라북도) 市道記念物 第13號 (全羅北道)	익산 낭산산성 益山 郎山山城	전북 익산시 낭산면 낭산리 산 48	
	내용 內容	낭산 정상부에 위치하고 있으며, 마한성·구성· 북성으로도 불림. 테뫼식산성으로서 석축성으로 기록됨. 남·동·서쪽에서 문지가 확인되었으며, 성의 동남부에 초석들이 산재해 있음.		
41	시도기념물 제20호 (전라북도) 市道記念物 第20號 (全羅北道)	우금산성 禹金山城	전북 부안군 상서면 감교리 산 65-3	
	내용 內容	개암사의 뒷산에 있는 석축산성. 다듬은 돌과 자연석을 적절히 섞어가며 축조하였으며, 총 3,960m 길이의 성벽을 쌓음. 복신(福信)이 초후 항거한 곳으로 백제 최후의 항거지임.		

連番	지정번호 指定番號	명 칭 名 稱	소재지 所在地	전 경 前 景
42	시도기념물 제38호 (전라북도) 市道記念物 第38號 (全羅北道)	아막성 阿莫城	전북 남원시 아영면 성리 83	

내용 內容	백제와 신라의 격전지로서 백제의 근거지로 추정됨. 성터는 동북쪽을 접한 방형을 이루고 있는데, 북·서·동문지가 확인되었음. 성 내에서는 삼국의 기와편, 백제계의 도자기편 등이 퇴적되어 있음.

43	시도기념물 제51호 (전라북도) 市道記念物 第51號 (全羅北道)	우덕리 산성 優德里 山城	전북 정읍시 덕천면 우덕리 산 6	

내용 內容	시루봉 위에 위치한 낮은 산 위의 테뫼식산성. 둘레는 약 415m이고, 산비탈의 외면이 계단처럼 되어 동쪽에 약간의 석축이 확인됨. 북문지와 서문지가 확인되었음. 성 내에서는 오래된 토기편과 함께 초기의 성책형태를 취하고 있어 백제시대부터 있었으리라 추정함.

44	시도기념물 제52호 (전라북도) 市道記念物 第52號 (全羅北道)	척문리 산성 尺門里 山城	전북 남원시 이백면 척문리 244	

내용 內容	성 안에 계곡을 품고 산 정상을 둘러쌓은 삼국시대의 석축성. 성의 둘레는 567m이며, 동·서 길이 182m, 남·북 길이 120m임. 환호와 함께 장대터가 확인됨. 성 내에서 백제토기와 기와가 발견되었음.

連 番	지정번호 指定番號	명 칭 名 稱	소재지 所在地	전 경 前 景
45	시도기념물 제53호 (전라북도) 市道記念物 第53號 (全羅北道)	고부 구읍성 古阜 舊邑城	전북 정읍시 고부면 고부리 산 1-1	
내용 內容	고부면 성황산 정상에 축조한 고려시대의 성이나 성 내에서 발견되는 유물로 보아 백제시대에 이미 축성된 것으로 여겨짐. 동·서방향으로 길죽한 장방형으로 둘레는 1,050m임. 관아·객사지와 함께 남문·북문지가 확인되었음.			
46	시도기념물 제54호 (전라북도) 市道記念物 第54號 (全羅北道)	두승산성 斗升山城	전북 정읍시 고부면 입석리 산 21	
내용 內容	두승산 봉우리를 에워싼 포곡식 석축산성. 아홉 개의 봉우리를 이룬 천연의 절벽을 이용하여 둘레 5km가 넘게 쌓았음. 성문은 서쪽과 남쪽에서 조사됨. 성 내에 발견된 유물을 통하여 백제시대에 축성되었을 것으로 추정함.			
47	시도기념물 제55호 (전라북도) 市道記念物 第55號 (全羅北道)	금사동 토성 金寺洞 土城	전북 정읍시 영원면 은선리 26	
내용 內容	응봉산의 금사동 골짜기를 품고 산을 둘러쌓은 산성으로, 내성과 외성의 2중성으로 되어 있음. 내성은 수구가 3군데에 나 있으며, 남쪽 중앙에 문지가 확인됨. 외성은 둘레가 2,365m로 북쪽에서 문지가 조사됨. 백제의 5방성 중 중방 고사성터로 추정하고 있음.			

連 番	지정번호 指定番號	명 칭 名 稱	소재지 所在地	전 경 前 景
48	시도기념물 제56호 (전라북도) 市道記念物 第56號 (全羅北道)	은선리 토성 隱仙里 土城	전북 정읍시 영원면 은선리 193	

	내용 內容	은선리 탑림마을의 서북쪽에 있는 토성. 성의 크기는 남북의 길이 280m, 동서 폭 최대 160m, 둘레 875m임. 동·서·남·북쪽에 문지가 확인됨. 성 내에서 삼국시대의 토기와 기와조각이 출토되어 백제시대에 축조하였을 것으로 추정함.

49	시도기념물 제70호 (전라북도) 市道記念物 第70號 (全羅北道)	금마 도토성 金馬 都土城	전북 익산시 금마면 서고도리 산 14	

	내용 內容	굿대숲 위에 위치하고 있으며, 능선으로 이어진 안부에 공호를 파서 절단하여 독립된 산봉우리에 대머리와 같이 토루와 토단을 쌓아올린 성임. 성 주위는 330m로 원형에 가까운 평면임. 성 내에서 '상부대관(上部大官)' 명의 평기와편과 '금마저성(金馬渚城)' 명의 기와편이 출토되어 미륵산성, 왕궁평성, 오금산성과 같은 때에 이룩되었던 성으로 추정.

50	시도기념물 제99호 (전라북도) 市道記念物 第99號 (全羅北道)	천호산성 天壺山城	전북 익산시 여산면 호산리	

	내용 內容	천호산 주봉을 감싸는 테뫼식석성. 둘레는 669m로 성의 전체 윤곽을 확인할 수 있음. 성 주변에서 백제시대의 막새와 토기가 조사됨.

連番	지정번호 指定番號	명 칭 名 稱	소재지 所在地	전 경 前 景
51	시도기념물 제100호 (전라북도) 市道記念物 第100號 (全羅北道)	성미산성 城嵋山城	전북 임실군 관촌면 덕촌리	
	내용 內容	성미산 정상을 안고 남사면을 감은 테뫼식산성. 좁은 삼각형을 이루며 내려오면서 몇 단의 건물지를 형성하고 석축을 깎아 쌓았으며, 전체 둘레는 517.5m 정도임. 성 내부에서 삼국시대의 토기와 기와편이 발견되었고, 성곽 안에서 승선문토기가 발견되어 백제시대의 성곽임이 확인됨.		
52	문화재자료 제70호 (전라북도) 文化財資料 第70號 (全羅北道)	홀어머니산성	전북 순창군 순창읍 백산리 산 55	
	내용 內容	독립된 두 산봉을 배모양으로 감은 석성. 백제시대의 옛터로서 고려·조선 초기까지 군창(軍倉)으로 사용됨.		
53	문화재자료 제71호 (전라북도) 文化財資料 第71號 (全羅北道)	합미성 合米城	전북 순창군 동계면 신흥리 산 51	
	내용 內容	석축으로 된 둘레 500여m의 성. 내성과 외성의 2중성으로 구성됨. 성곽의 규모는 동변이 19m, 북변은 37m인데, 동·북변은 외성곽을 겸하고 있고, 성 안쪽을 구획한 성줄기는 남변이 40m, 서변은 13m임. 백제시대에 축성된 것으로 추정.		

連番	지정번호 指定番號	명 칭 名 稱	소재지 所在地	전 경 前 景
54	시도기념물 제59호 (전라남도) 市道記念物 第59號 (全羅南道)	장흥 수인산성 長興 修仁山城	전남 장흥군 유치면 대리 산 225 외	
	내용 內容	장흥군과 강진군의 경계를 이루고 있는 수인산 산마루를 이어 만든 석축산성. 성벽은 이물려쌓기로 쌓았으며, 총 연장 길이 6km, 높이 약 5m, 너비 4m로 남문, 북문, 동문이 있음. 성의 동쪽 부분은 2중으로 성벽축조. 2중의 성벽으로 인하여 백제시대에 축성하였을 것으로 추정함.		
55	시도기념물 제87호 (전라남도) 市道記念物 第87號 (全羅南道)	나주 회진성 羅州 會津城	전남 나주시 다도면 신풍리 산 8-1 외	
	내용 內容	성벽 둘레가 2.4km 정도로 삼국시대 토성 가운데 매우 큰 규모에 해당됨. 능선의 평탄한 곳을 이용하여 4개의 문을 만들었던 자리를 확인할 수 있고, 남쪽의 낮은 계곡에는 수문(水門)이 있었음을 확인할 수 있음.		
56	시도기념물 제88호 (전라남도) 市道記念物 第88號 (全羅南道)	나주 자미산성 羅州 紫薇山城	전남 나주시 반남면 대안리, 신촌리	
	내용 內容	'잣미' 라 불리는 야산 정상부를 에워싼 테뫼식산성. 성의 둘레는 약 740m로 규모는 작으며, 말안장 모양의 산등성이를 흙으로 쌓은 후 돌로 보강한 것. 문지는 3곳이나 규모는 알 수 없음. 성 내에서 백제 토기조각 이외에 고려 · 조선시대의 기와까지도 다수 발견됨.		

連 番	지 정 번 호 指 定 番 號	명 칭 名 稱	소 재 지 所 在 地	전 경 前 景
57	문화재자료 제173호 (전라남도) 文化財資料 第173號 (全羅南道)	광양 마노산성 光陽 馬老山城	전남 광양시 광양읍 용강리 산 78 외	
	내용 內容		산 정상을 둘러 쌓은 테뫼식산성. 성 내부에서 백제와 통일신라의 토기 및 '마로(馬老)', '관(官)', '군역관(軍易官)' 등의 글자가 있는 기와를 발견함. 백제시대 600년경에 돌을 쌓아 만들었으며 통일신라시대까지도 꾸준히 이용하였음.	

산 정상을 둘러 쌓은 테뫼식산성.
성 내부에서 백제와 통일신라의 토기 및 '마로(馬老)', '관(官)', '군역관(軍易官)' 등의 글자가 있는 기와를 발견함.
백제시대 600년경에 돌을 쌓아 만들었으며 통일신라시대까지도 꾸준히 이용하였음.

| 58 | 시도기념물 제177호
(전라남도)
市道記念物 第177號
(全羅南道) | 광양 불암산성
光陽 佛岩山城 | 전남 광양시
진상면 비평리
산 38 외 |  |

동~서쪽이 장축인 사다리꼴 형태의 석성.
협축식(夾築式)으로 축성하였고, 성벽 전체 둘레는 500m, 체성(體城)의 최대 높이는 334cm, 성벽의 너비는 530~600cm, 성 내 면적은 17,955㎡임.
성 내에서 출토되는 기와나 토기류 등의 유물로 보아 백제 때 축조되었을 것으로 추정됨.

| 59 | 시도기념물 제204호
(전라남도)
市道記念物 第204號
(全羅南道) | 여수 고락산성
麗水 鼓樂山城 | 전남 여수시
둔덕동 산 176,
177, 미평동 115,
문수동 산 53 |  |

고란산정과 고락산 동쪽의 봉우리를 감싸고 축성된 테뫼식산성.
동쪽의 봉우리를 감싸고 있는 성이 본성으로 추측.
성의 평면형태는 북서-남동방향 장타원형을 이루고 있는데, 북서쪽이 넓고 남동쪽이 좁은 형태임. 성벽의 총 둘레는 약 354m.
남동쪽과 서쪽에서 문지가 확인됨.
성 내부에서 백제시대의 유물이 발견됨으로써 백제시대에 축성한 것으로 여겨짐.

連番 番	지정번호 指定番號	명칭 名稱	소재지 所在地	전경 前景
60	시도기념물 제208호 (전라남도) 市道記念物 第208號 (全羅南道)	고흥 독치성 高興 禿峙城	전남 고흥군 포두면 봉림리 산 1, 상대리 산 46 일대	
	내용 內容	조계산의 동쪽 능선의 성뫼산을 감싸고 축조된 테뫼식산성. 전체 길이 508m로 전남 동부지역에서 세 번째로 큰 산성임. 남벽의 일부분만 없어지고 대부분은 체성의 흔적이 뚜렷함. 축성법은 협축식인데 체성은 경사면을 석비례층이나 혹은 암반 위까지 파서 기초를 자연적으로 튼튼하게 한 후에 별도의 기단을 두지 않고 곧바로 벽석을 쌓아 올렸음. 문지는 동문과 북문 등 2곳에서 확인되었으며, 치도 조사됨. 성 내 출토유물은 삼국시대 토기편을 비롯한 각종 유물이 출토되었음.			
61	시도기념물 제209호 (전라남도) 市道記念物 第209號 (全羅南道)	고흥 백치성 高興 栢峙城	전남 고흥군 도화면 신호리 산 29, 30 일대	
	내용 內容	테뫼식산성으로 평면형태는 남북방향으로 말각장방형임. 백치성의 총 둘레는 444m이며, 단곽(單郭)으로 된 석성. 체성과 관련된 시설물은 확인이 되지 않고 있으며, 내부에서 건물지로 추정되는 곳이 4개소 존재. 수습유물은 기와류가 대부분인데 평기와편임. 백치성의 입지와 축성법, 출토유물 등의 양상을 보아 백제시대에 축성하였을 것으로 추정함.			
62	시도기념물 제22호 (경상남도) 市道記念物 第22號 (慶尙南道)	거열성 居列城	경남 거창군 거창읍 상리 586	
	내용 內容	성벽은 둘레 약 1.5km이고, 높이 8m, 폭은 아랫부분이 7m, 윗부분이 4m 되는 견고한 석성임. 백제부흥군의 거점으로 추정됨.			

連 番	지 정 번 호 指 定 番 號	명 칭 名 稱	소 재 지 所 在 地	전 경 前 景
63	문화재자료 제92호 (경상남도) 文化財資料 第92號 (慶尙南道)	하성 霞城	경남 거창군 웅양면 한기리	
	내용 內容	성벽은 계곡을 포함한 산 정상부를 둘러 쌓은 포곡식산성. 자연석을 이용하여 쌓았는데, 길이는 1,500m, 높이는 2m 정도이며, 현재 성 안은 경작지로 이용되고 있음. 축성시기는 정확하지 않으나 백제가 축성하였다고 전해짐.		

생산유적
生産遺蹟

1. 와요지(瓦窯址)

부여 정암리 와요지(扶餘 亭岩里 瓦窯址)

충남 부여군 양길면 정암리의 내동부락 일원에 분포한 백제시대의 와요지이다. 사적 제373호로 지정되어 보호받고 있다.

이 유적이 학계에 처음 알려진 것은 1987년 7월경이다. 부여지방에 집중적으로 내린 호우로 가마의 천정일부가 드러나면서 세상에 알려졌다. 그리고 나서 1988, 1990, 1991년 3차에 걸쳐 국립부여박물관이 발굴조사에 나섰다. 이 조사에서 대규모의 백제시대(6세기 후반~7세기 전반) 와요지로 밝혀졌다. 다양한 구조의 가마가 완형에 가깝도록 잘 남아 귀중한 유적으로 평가되고 있다.

이 유적에서는 풍화암반층을 옆으로 파고들어가 구축한 지하식 평요(平窯)와 함께 처음으로 등요(登窯)가 발견되었다. 이에 따라 등 · 평요를 구분할 수 있는 길을 열었다. 발굴조사에서 드러난 10여 개의 가마

부여 정암리 와요지

는 천장 부분을 제외하고는 아궁이, 연소실, 소성실, 연도, 요(窯) 앞 회구부가 완전하게 남아있다. 그래서 가마의 전체형태와 구축방법은 물론 세부구조와 축조기술을 밝힐 수 있었다.

이 가마에서 나온 연화문와당과 상자형전돌 등의 출토유물은 백제시대의 대표적 사원지인 군수리 폐사지(軍守里 廢寺址, 사적 제 44호)와의 수급관계를 밝힌 동시에 관요(官窯) 생산체제를 확인하는 근거가 되었다. 정암리 가마와 거의 동일한 형태의 가마는 고대 중국과 일본에서도 보인다. 이는 고대 동북아시아 문화교류를 엿볼 수 있는 자료이기도 하였다.

이 같은 유적의 특성과 출토유물, 주변의 입지조건(백마강변) 등으로 미루어 이 가마에서 제작된 제품들이 당시의 도성이었던 사비성(현 부여)을 비롯한 사찰 등에 공급되었을 것이다. 이 유적 인근에는 백제시대(후기)의 고분 30여 기와 산성(테뫼식) 등 백제시대 유적들이 다수 분포되어 이 유적의 가치를 더욱 높이고 있다.

2. 도요지(陶窯址)

부여 쌍북리 도요지(扶餘 雙北里 陶窯址)

충청남도 부여군 부여읍 쌍북리에 위치한 백제시대의 토기 및 기와가마터이다. 사적 제99호로 지정되었다.

1941년 5월 27일에 부여시가지 계획도로 공사 중 인부들에 의해 지표하 1.8m 지점에서 가마유구와 함께 기와 및 토기편들이 발견되었다고 한다.(당시 부여분관에서 조선총독부박물관에 보낸 「매장물경찰보고철(埋藏物警察報告綴)」에 의함) 가마는 매몰상태여서 명확하지 않지만, 경사는 45°에 높이는 90cm, 폭이 135cm로 드러났다. 그리고 요의 굴뚝 부분에서 아래로 3m 정도만 남고, 아궁이 부분은 밝혀지지 않았다고 보고하고 있다.

현재는 도로가 관통되면서 가마 앞부분은 잘려나가 낭떠러지가 되었다. 가마유구의 유실을 막기 위해 시멘트로 석실을 만들어 보호하고 있다. 송림에 둘러싸인 이 부근의 구릉에서는 토기편이나 가마 폐기물들이 거의 보이지 않는다. 그러나 능선 너머 남쪽 사면의 경작지 일대에 다수의 토기편과 기와편이 산포하고 있다. 몇해 전의 홍수 때에 이 지역에서 회구(灰丘)와 다량

부여 쌍북리 요지

의 토기편이 발견되었다고 한다.

쌍북리 요지는 비록 가마유구 일부만 잔존하고 있지만, 부여읍내에 남은 유일한 토기 및 기와가마터로 그 의의가 크다.

사당동 백제요지(舍堂洞 百濟窯址)

서울특별시 관악구 남현동에 위치한 백제시대의 질그릇 가마터이다. 사적 제247호로 지정되었다. 1973년 4월에 발견한 이 가마터는 관악산에서 한강 쪽으로 뻗은 지맥의 동남측 경사면에서 발견되었다. 약 1,000㎡의 면적에 파괴된

사당동 백제요지

상태로 남아 있다. 이 일대는 적색의 점토지대이고, 주변의 계곡과 한강의 수운을 이용하기가 쉽기 때문에 질그릇 생산지로는 적합한 입지를 갖추었다.

구릉의 경사면에서는 백제도기편들이 불에 탄 흙이나 재에 섞인 채 발견되고 있다. 가마에서 채집된 질그릇편에서는 사선을 어긋나게 그은 격자문을 주로 보여 백제시대 후기에 생산한 것으로 짐작된다.

지금까지 서울지역에서 알려진 유일한 백제시대 가마터이기도 하다. 비록 파괴되었으나, 백제시대 질그릇 생산을 밝힐 수 있는 중요한 유적이다.

진천 산수리 백제요지(鎭川 山水里 百濟窯址)

　충청북도 진천군 덕산면 산수리에 위치한 백제시대의 가마터이다. 사적 제325호로 지정되었다. 1986년 중부고속도로 공사과정에서 조사되었다. 한남대학교박물관이 나서 모두 9기의 대·소형의 가마터와 2개의 작업장을 확인하였다.

　가마의 구조는 야산의 경사면을 이용한 등요(䇎窯)인데, 지하굴식의 대형가마 5기와 반지하식의 소형가마 4기로 구분할 수 있다. 대형가마인 7호가마는 야산 경사면에 아궁이를 수직으로 파내려 간 다음 아궁이 쪽으로부터 굴을 뚫어 번조실(燔造室)을 만든 지하굴식 가마였다. 번조실은 아궁이 쪽으로부터 점점 넓어져 앞부분이 최대넓이를 이루었고, 뒤로 가면서는 좁아졌다. 가마의 전체 길이는 7.7m, 폭 2.95m, 천장의 높이는 1.55m이다.

　소형가마인 4호가마는 총 길이 3.6m, 넓이 1.6m로 전면이 둥글다. 회흑색경질도기, 회색, 적갈색연질도기, 흑색도기 등 도편이 출토되었다. 그릇의 형태는 대부분 짧은 목이 밖으로 벌어진 대형의 짧은목항아리, 소형의 짧은목항아리, 달걀모양 항아리가 주류를 이루었다. 그릇에는 타날수법의 돗자리무늬가 들어갔다.

　이 가마에서는 서울 석촌동의 백

진천 산수리 백제요지

제움무덤 출토 도기, 청주 신봉동백제움무덤 출토 도기들과 비슷한 유물이 출토되어 제작시기는 백제시대 3~4세기경으로 추정되고 있다.

이처럼 백제 초기의 대·소형토기가마 9기와 함께 작업장이 발굴되어 당시 전문화한 산업시설이었던 것으로 추정된다. 다양한 기종의 출토품은 이를 더욱 뒷받침하고 있다.

진천 삼용리 백제토기요지(鎭川 三龍里 百濟土器窯址)

충청북도 진천군 이월면 삼룡리 산 56-3번지 일대에 자리잡은 백제시대의 질그릇 가마터이다. 사적 제344호로 지정되었다. 인근에는 사적 제325호로 지정된 진천 산수리 백제요지(鎭川 山水里百濟窯址)와 더불어 주목되는 고대의 산업시설이기도 하다.

그러나 이 삼룡리 가마에서는 우리나라 원삼국시대(原三國時代, 3C 이전)의 타날문토기(打捺文土器)를 생산했다는 점에서 산수리토기보다 몇 단계 앞선 고식이다. 대형가마터 6기가 발굴되었다. 타날문토기는 중국 전국시대 인문경도(印紋硬陶)의 제도기술과 가마[窯]가 위만조선시기에 우리나라에 들어오는 데서 비롯하였다.

이 가마터에서 출토된 중요유물로는 고운 태토로 만든 타날문토기인데, 몸통부가 구형(球形)인 짧

진천 삼용리 백제토기요지

은목항아리와 심발형토기가 주류를 이룬다.

부여 쌍북리 도요지(扶餘 雙北里 陶窯址)

충청남도 부여군 부여읍 쌍북리
부여도서관 곁에 있는 가마터이
다. 충청남도 기념물 제41호로 지
정되었다.

쌍북리 가마터에는 일찍부터 4각
형과 원형의 건물 주춧돌이 드러
나 있었다. 그리고 연꽃무늬 수막

부여 쌍북리 도요지

새 등의 유물이 출토되어 절터로 알려진 유적이기도 하였다. 그러나 조
사 결과 백제토기 또는 기와나 벽돌을 굽던 가마터로 밝혀졌다. 연꽃무
늬 와당, '대당(大唐)'이라고 새긴 명문 와당과 함께 인(寅), 병(丙), 사
(斯), 오(午), 지(止) 등의 글씨를 도장으로 찍은 기와조각이 많이 출토
되었다.

익산 백제토기도요지(益山 百濟土器陶窯址)

전라북도 익산시 금마면 신용리의 백제시대 질그릇 가마터이다. 전라
북도 기념물 제14호로 지정되었다.

이곳에는 백제시대 질그릇을 만들던 가마터로 일찍부터 알려졌으나,
발굴은 1987년에 이루어졌다. 이 해에 전주시립박물관이 발굴조사에

익산 백제토기도요지

나서 가마의 구조와 성격이 밝혀지게 되었다.

이 유적의 가마는 아치형 천정의 반지하식으로 경사를 따라 올라간 일종의 등요이다. 수습된 유물은 입큰단지, 세발토기, 독 등 질그릇뿐이었다.

6세기경 백제 후기의 토기양상을 파악할 수 있는 이 가마는 일본 오사카[大阪府]의 스에무라[陶邑] 가마구조와 유사성이 많다. 그래서 백제토기 제작기술이 일본에 전파된 일면을 이해하는데 도움을 주고 있다.

3. 기타 : 벽골제(碧骨堤), 야철지(冶鐵址)

김제 벽골제비 및 제방(金堤 碧骨堤碑 및 堤防)

전라북도 김제시 부량면 월승리에 위치한 우리나라 최초의 저수지이다. 이 저수지와 더불어 중수비와 둑이 사적 제111호로 지정되었다.

『삼국사기』에는 신라 흘해왕 21년(330)에 "처음으로 벽골제를 만들었는데, 둘레가 1천8백 보"였다는 기록이 나온다. 그러나 이 시기 김제지역은 신라 땅이 아닌 백제의 영역이었다. 그래서 나중에 시대를 고쳐 신라가 만든 것처럼 기록했을 가능성이 크다. 그러므로 실제로 만들어진 때는 백제 11대 비류왕 27년(330)으로 보아야 할 것이다. 이후 신라

원성왕 6년(790)과 고려 현종 및 인종 21년(1143)에 고쳐 쌓았다. 그리고 조선 태종 15년(1415)에 다시 쌓았다고 한다. 그러나 좋은 점보다 나쁜 점이 더 많다고 하여 없어지고 말았다.

김제 벽골제비 및 제방

지금 유적에는 일직선으로 약 3km 정도의 둑만이 남아있다. 1925년 '동진토지개량조합'에서 이 둑을 농사짓는데 필요한 물을 대는 통로로 고쳐 이용하면서 원래의 모습을 많이 잃어버리게 되었다.

둑의 북쪽에는 조선시대에 벽골제를 다시 쌓아 이를 기념하기 위해 만들어 세운 비석이 있다. 그러나 비석이 마모되어 글을 알아보기 어렵다. 1975년에는 저수지 물의 양을 조절하던 2곳의 수문자리를 발굴조사하였다. 그 결과 높은 수준의 측량기술을 응용한 대규모 공사였던 것이 밝혀졌다.

우리나라 최초의 저수지라는 의미뿐 아니라, 대규모 저수지 축조에 따른 고도의 토목기술을 보유했다는 사실이 놀랍다. 우리나라 과학기술사에 큰 획을 그었던 금자탑 같은 유적이다.

진천 석장리 고대 철생산유적(鎭川 石帳里 古代 鐵生産遺蹟)

충청북도 진천군 덕산면 석장리에 위치한 고대 철생산유적이다. 충청북도 기념물 제124호로 지정받아 보존되고 있다.

이 유적은 1989년과 1991년 국립 청주박물관(國立淸州博物館)이 실시한 진천군 문화유적 지표조사에서 드러났다. 우리나라 고대 철생산유적에 대한 최초의 본격적인

진천 석장리 고대 철생산유적

발굴조사는 1994년부터 1997년까지 4차년에 걸쳐 이루어졌다. 국립청주박물관이 담당한 발굴조사에서 총 36기의 철생산 혹은 철제품 제작과 관련된 노적이 확인되었다. 유적은 낮은 구릉의 작은 골짜기를 이루는 경사지를 이용하여 한정된 공간에 다양한 노적(爐蹟)이 빼곡히 들어앉았다. 제련에서 단야(鍛冶)까지 일련의 공정이 포함되었다. 이들 노지는 장방형의 대형상형로를 비롯하여 원형로, 방형로, 장방형로 등 다양하게 조사되었다. 경사지를 이용하여 간단한 기초시설을 한 지하식과 반지하식 등 노의 구조도 다양하였다. 특히 외곽에 'ㄷ'자형의 구덩이를 파고 그 내부에 노를 축조한 사실이 함께 확인되었다. 출토유물을 근거로 3~5세기 초로 편년된 이 유적 출토 목탄의 연대측정에서도 이와 비슷하게 나왔다.

이 유적은 미호천(美湖川) 상류에 형성된 충적대지와 노령화된 낮은 구릉지대에 자리를 잡았다. 해발 105m 내외의 야산에서 북쪽으로 뻗어 내린 완만한 구릉의 서쪽 사면이다.

지금까지 원삼국시대 또는 삼국시대의 많은 유적에서 다량의 철기들이 발견되었으나, 어디서 어떻게 만든 것인지를 파악할 근거가 전혀 없었다. 그래서 석장리(石帳里) 유적의 발견은 그 수수께끼를 풀 수 있는 실마리를 제공하고 있다. 백제지역 유적에서 나오는 철제 농공구와 무기류 생산시설 소재지가 파악되었다는 이야기다. 석장리 유적이 자리한 중원지역은 삼국의 각축장이었다는 사실을 고려하면, 석장리는 철기류 생산의 주요거점이었을 것이다. 다양한 제철로(製鐵爐)를 확보한 이 유적은 백제의 중요한 제철단지의 하나로 판단할 수 있다.

진천(鎭川) 석장리 고대 철생산유적은 우리나라에서 처음으로 조사된 종합공정의 철생산 관련 유적이다. 철광석에서 쇠를 뽑아내는 제련에서 단조를 거쳐 철기류를 생산하기까지 전 공정이 한 군데서 이루어졌다는 사실이 확인되었던 것이다. 그리고 비교적 오랜 기간에 걸쳐 지속적으로 조업이 이루어진 양상을 보이고 있다. 그래서 고대 철생산 연구에 중요한 학술자료를 제공하였다. 노(爐)의 구조적인 측면에서도 원형로, 방형로, 장방형로, 대형상형로, 소형로, 반수혈로 등 형태가 다양하거니와, 노의 구조도 비교적 분명하게 남아 고대 제련로의 복원에 획기적인 자료를 갖춘 유적이기도 하다.

기타
其他

당유인원기공비(唐劉仁願紀功碑)

충청남도 부여군 부여읍 동남리 국립부여박물관이 소유한 이 비는 보물 제21호로 지정되었다.

당유인원기공비

백제가 멸망한 뒤 진주한 당나라의 장수 유인원(劉仁願)을 기념하여 세운 빗돌이다. 유인원의 생애와 공적을 기린 비신의 건립연대는 문무왕 3년(663)으로 추정된다.

비신높이 3.35m, 이수높이 1.14m에 이른다. 해서체(楷書體)로 비신 앞뒷면에 글자를 새겼으나, 뒷변은 마멸이 심하여 알아 보기가 어렵다. 비신과 이수가 한 개의 돌로 이루어졌다. 여의주를 가운데 받쳐 든 6마리의 반룡(蟠龍) 조각 수법이 매우 사실적이고, 또 뛰어나 경주 무열왕릉비와 비교되는 작품이다. 전형적인 당비(唐碑)양식을 따라 당시 석비 건립양식을 밝히는 데 좋은 자료가 된다.

이 비는 비록 당나라 장수의 공적비이기는 하지만 비문에는 당시 역사적 상황이 기록되었다. 의자왕과 태자 및 좌평(左平) 이하 700여 명이 소정방(蘇定方)에 의해 당나라로 압송되었던 사실 기록이 그것이다. 그리고 백제부흥운동 과정에 나타난 전투양상 및 신라와의 관계 등을 적었다. 또 완전히 폐허가 된 사비 도성의 모습 등은 사료로 활용할 수 있는 기록이기도 하다.

고란사(皐蘭寺)

충청남도 부여군 부여읍 쌍북리 부소산 낙화암 아래에 위치한 암자이다. 충청남도 문화재자료 제98호로 지정되었다.

백제 제17대 아신왕대(阿莘王代)에 창건한 절로 알려졌으며, 백제가 망할 때 낙화암에서 목숨을 던진 삼천궁녀들의 원혼을 추모하기 위해 고려 초기에 건립되었다는 설도 있다. 그러나 정확한 창건연대는 알 수 없다.

암자가 자리잡은 주변의 경관이 아름답다. 낙화암에 얽힌 전설과

고란사

더불어 기암괴석(奇岩怪石), 기화이초(奇花異草) 등으로 더욱 유명한 곳이다.

현존하는 건물은 은산(恩山)의 숭각사(崇角寺)로부터 옮겨 지은 것이다. 상량문(上樑文)에 의하면 정조 21년(1797) 중건된 것으로 되어 있다.

낙화암(落花巖)

충청남도 부여군 부여읍 쌍북리 부소산 서쪽 낭떠러지 바위가 낙화암이다. 충청남도 문화재자료 제110호로 지정되었다.

낙화암은 백제 의자왕(義慈王, 재위 641~660) 때 신라와 당나라 연합군이 일시에 수륙양면으로 쳐

낙화암

들어와 왕성에 육박하자, 궁녀들이 굴욕을 면하기 위해 꽃 지는 것처럼 떨어져 죽었다는 바위이다. 이때 궁녀들은 치마를 뒤집어쓰고 깊은 물에 몸을 던졌다고 한다. 『삼국유사』, 『백제고기』에는 원래 이름은 타사암이었다는데, 뒷날에 와서 궁녀들을 꽃에 비유하여 낙화암으로 고쳐 불렀다는 이야기가 나온다.

낙화암 꼭대기에는 백화정이란 정자가 있다. 궁녀들의 원혼을 추모하기 위해서 1929년에 세운 것이다.

삼충사(三忠祠)

충청남도 부여군 부여읍 쌍북리에 위치한 사당이다. 충청남도 문화재자료 제115호로 지정되었다.

백제의 충신이었던 성충(成忠)·흥수(興首)·계백(階伯)을 기리기

삼충사

위해 지은 사당이다. 성충은 백제 의자왕(義慈王, 재위 641~660) 때 충신이었다. 좌평으로 있으면서 잘못된 정치를 바로잡기 위해 애쓰다 옥중에서 단식을 하다 죽었다.

흥수는 백제 의자왕 20년(660)에 나·당연합군이 공격해 오자, 탄현을 지키려다 대신들의 반대로 지키지 못하게 되었고, 백제는 결국 멸망하였다. 계백은 나·당연합군이 공격해 오자 결사대 5,000여 명을 뽑아 지금의 연산인 황산에서 싸우다 전사한 백제의 장군이다.

1957년에 지은 이 사당은 1981년 다시 지어 현재의 모습이 되었다. 해마다 10월 백제문화재 때 삼충제를 지내고 있다.

부 록

백제의 주요 문화재 목록

1. 백제고분(百濟古墳)

연번	분류	지정종류	지정번호	명칭	소재지	비고
1			13호	공주송산리고분군 (무녕왕릉포함)	충남 공주시 금성동	
2			14호	부여능산리고분군	충남 부여군 능산리	
3			76호	나주대안리고분군	전남 나주시 대안리	
4			77호	나주신촌리고분군	전남 나주시 신촌리	
5			78호	나주덕산리고분군	전남 나주시 덕산리	
6		사 적	87호	익산쌍릉	전북 익산시 석왕동	
7			243호	석촌동백제초기적석총	서울 송파구 석촌동	
8			270호	방이동백제고분군	서울 송파구 방이동	
9			319호	청주신봉동백제고분군	충북 청주시 신봉동	
10			347호	익산입점리고분군	전북 익산시 입점리	
11			404호	나주복암리고분군	전남 나주시 복암리	
12			420호	부여능안골고분군	충남 부여군 능산리	
13		시도기념물 (경 기)	146호	연천삼곶리돌무지무덤	경기 연천군 삼곶리	
14			7호	공주신관리석실고분	충남 공주시 신관동	
15		시도기념물 (충 남)	45호	부여태양리백제석실고분	충남 부여군 태양리	
16	고분군		87호	부여지선리고분군	충남 부여군 지선리	
17			94호	논산표정리고분군	충남 논산시 표정리	
18			95호	논산육곡리고분군	충남 논산시 육곡리	
19			57호	은선리고분군	전북 정읍시 은선리	
20			58호	운학리고분군	전북 정읍시 운학리	
21		시도기념물 (전 북)	59호	지사리고분군	전북 정읍시 은선리	
22			98호	웅포리고분군	전북 익산시 웅포리	
23			105호	율촌리고분군	전북 익산시 율촌리	
24			55호	함평예덕리고분군	전남 함평군 예덕리	
25			86호	해남월송리조산고분	전남 해남군 월송리	
26			107호	신안도창리고분	전남 신안군 도창리	
27		시도기념물 (전 남)	122호	함평마산리고분군	전남 함평군 마산리	
28			143호	함평예덕리신덕고분군	전남 함평군 예덕리	
29			144호	영암금계리고분군	전남 영암군 금계리	
30			156호	나주송제리고분	전남 나주시 송제리	
31		문화재자료 (전 남)	195호	나주흥덕리석실분	전남 나주시 흥덕리	
32		문화재자료 (광 주)	9호	운림동석실고분	광주 동구 운림동	

2. 건축(建築)

① 궁원(宮苑)

연번	분류	지정종류	지정번호	명칭	소재지	비고
1	궁원지	사 적	408호	왕궁리유적	전북 익산시 왕궁면, 금마면 동고도리 외	
2			135호	궁남지	충남 부여군 동남리	
3			425호	부여화지산일원유적	충남 부여군 동남리	
4			428호	부여관북리백제유적	충남 부여군 관북리	
5		시도기념물 (충 남)	42호	공주공산성연지	충남 공주시 금성동	

② 사지(寺址)

연번	분류	지정종류	지정번호	명칭	소재지	비고
1	사지	사 적	44호	부여군수리사지	충남 부여군 군수리	
2			150호	익산미륵사지	전북 익산시 기양리	
3			301호	부여정림사지	충남 부여군 동남리	
4			307호	성주사지	충남 보령시 성주리	
5			316호	서산보원사지	충남 서산시 용현리	
6			405호	익산제석사지	전북 익산시 왕궁리	
7			427호	왕흥사지	충남 부여군 신리	
8			434호	부여능산리사지	충남 부여군 능산리	
9			435호	부여금강사지	충남 부여군 금공리	
10		시도기념물 (충 남)	32호	호암사지	충남 부여군 호암리	
11			34호	임강사지	충남 부여군 현북리	
12			35호	공주남혈사지	충남 공주시 금학동	
13			36호	공주수원사지	충남 공주시 옥룡동	
14			37호	공주서혈사지	충남 공주시 웅진동	
15			39호	공주구룡사지	충남 공주시 상신리	
16			48호	용정리사지	충남 부여군 용정리	
17			50호	동남리사지	충남 부여군 동남리	
18			53호	동남리전천왕사지	충남 부여군 동남리	
19			161호	부여부소산성서복사지	충남 부여군 구교리	
20		군향토유적 (부여군)	52호	부여가탑리사지	충남 부여군 가탑리	
21		시도기념물 (전 북)	104호	사자사지	전북 익산시 신용리	

연번	분류	지정종류	지정번호	명칭	소재지	비고
1	기타 건물지	시도기념물 (충 남)	54호	부여중정리백제건물지	충남 부여군 중정리	
2			86호	부여용정리소룡골백제건물지	충남 부여군 용정리	
3			88호	부여구아리백제유적	충남 부여군 구아리	
4			147호	공주정지산백제유적	충남 공주시 금성동	
5		문화재자료 (충 남)	109호	군창지	충남 부여군 쌍북리	
6		시도기념물 (대 전)	39호	궁동유적	대전 유성구 궁동	

3. 불교유적(佛敎遺物)

불상(佛像)

연번	분류	지정종류	지정번호	명칭	소재지	비고
1	불상	국 보	83호	금동미륵보살반가상	국립중앙박물관	
2			84호	서산마애삼존불	충남 서산시 용현리	
3			106호	계유명전씨아미타불삼존석상	국립청주박물관	
4			108호	계유명삼존천불비상	국립공주박물관	
5			247호	공주의당금동보살입상	국립공주박물관	
6			293호	금동관세음보살입상	국립중앙박물관	
7		보 물	45호	익산연동리석불좌상	전북 익산시 연동리	
8			196호	금동석가여래입상	국립부여박물관	
9			329호	군수리석조여래좌상	국립부여박물관	
10			330호	군수리금동미륵보살입상	국립부여박물관	
11			367호	기축명아미타여래제불보살석상	국립청주박물관	
12			368호	미륵보살반가석상	국립청주박물관	
13			432호	태안마애삼존불	충남 태안군 동문리	
14			649호	무인명석불상부대좌	충남 연기군 연화사	
15			650호	칠존석불상	충남 연기군 연화사	
16			794호	예산화전리사면석불	충남 예산군 화전리	
17			914호	정읍보화리석불입상	전북 정읍시 보화리	
18		시도유형문화재 (충남·북)	51호	갑사석조보살입상	충남 공주시 중장리 갑사	
19			114호	청원비중리일광삼존불상	충북 청원군 비중리	
20		시도유형 문화재 (전 북)	12호	태봉사삼존석불	전북 익산시 연동리 태봉사	
21			145호	임실이도리미륵불상	전북 임실군 이도리	

4. 석조유물(石造遺物)

연번	분류	지정종류	지정번호	명칭	소재지	비고
1	석조 미술	국 보	288호	백제창왕명석조사리감	국립부여박물관	
2		보 물	148호	공주중동석조	국립공주박물관	
3			149호	공주반죽동석조	국립공주박물관	
4			150호	공주반죽동당간지주	충남 공주시 반죽동	
5			194호	부여석조	국립부여박물관	
6			343호	문양전	국립중앙박물관	
7		시도유형문화재 (충남)	101호	사택지적비	국립부여박물관	
8		문화재자료 (충 남)	103호	팔각정	충남 부여군 쌍북리	
9			140호	성주사지석계단	충남 보령시 성주리	
10			162호	용봉사지석조(마애, 석구, 석조)	충남 홍성군 신경리 용봉사	
11		문화재자료 (전 북)	143호	미륵사지석등하대석	전북 익산시 기양리	

5. 관방유적(關防遺蹟)

① 성(城) : 사적(史蹟)

연번	분류	지정종류	지정번호	명칭	소재지	비고
1	성지 (성곽)	사 적	4호	부여성흥산성	충남 부여군 군사리	
2			5호	부여부소산성	충남 부여군 쌍북리	
3			11호	풍납토성	서울 송파구 풍납동	
4			12호	공주공산성	충남 공주시 산성동	
5			34호	부여청마산성	충남 부여군 능산리	
6			58호	부여나성	충남 부여군 염창리	
7			59호	부여청산성	충남 부여군 쌍북리	
8			60호	건지산성	충남 서천군 지현리	
9			89호	부여석성산성	충남 부여군 현내리	
10			90호	대흥임존성	충남 예산군 상중리	
11			92호	익산토성	전북 익산시 서고도리	
12			156호	증산성	충남 부여군 신성리	
13			297호	몽촌토성	서울 송파구 오륜동	
14			351호	파주오두산성	경기 파주시 성동리	
15			393호	논산노성산성	충남 논산시 송당리	
16			400호	충주장미산성	충북 충주시 장천리	
17			409호	백산성	전북 부안군 용계리	
18			418호	순천검단산성	전남 순천시 성산리	

② 성(城) : 기타지정유적(其他指定遺蹟)

연번	분류	지정종류	지정번호	명칭	소재지	비고
1	성지 (성곽)	시도기념물 (경 기)	76호	설성산설성지	경기 이천시 선읍리	
2			138호	망이산성	경기 안성시 금산리 경기 이천군 산양리	
3			143호	양주대모산성	경기 양주군 어둔리 · 방성리 일대	
4			174호	호로고루지	경기 연천군 원당리	
5		시도기념물 (인 천)	1호	문학산성	인천 남구 문학동	
6		시도기념물 (충 남)	30호	예산산성	충남 예산군 산성리	
7			56호	황산성	충남 논산시 표정리	
8			67호	배방산성	충남 아산시 신흥리	
9			77호	연기이성	충남 연기군 송성리	
10			78호	연기금이성	충남 연기군 송성리	
11			79호	연기운주산성	충남 연기군 청송리	
12			81호	우산성	충남 청양군 읍내리	
13			83호	금산백령성	충남 금산군 역평리	
14			92호	논산황화산성	충남 논산시 등화동	
15			96호	서천남산성	충남 서천군 남산리	
16			99호	공주옥녀봉성	충남 공주시 옥룡동	
17			104호	직산사산성	충남 천안시 군동리	
18			106호	천안백석동선사유적 및 백제토성	충남 천안시 백석동	
19			148호	천안성거산위례성	충남 천안시 운용리	
20			153호	은산당산성	충남 부여군 은산리	
21		문화재자료 (충 남)	150호	두릉산성(두릉이성)	충남 청양군 백곡리	
22			263호	성거산성	충남 천안시 천흥리	
23			277호	외성산성	충남 논산시 외성리	
24			360호	홍성장곡산성	충남 홍성군 산성리	
25			368호	홍산태봉산성	충남 부여군 홍산면	
26		시도기념물 (대 전)	6호	구성리산성	대전 유성구 구성동	
27			7호	월평동산성	대전 서구 월평동	
28			8호	질현성	대전 대덕구 비래동	
29			9호	우술성	대전 대덕구 읍내동	
30			10호	보문산성	대전 중구 대사동	
31			13호	적오산성	대전 유성구 덕진동	
32			15호	흑석동산성	대전 서구 봉곡동	
33			16호	안산동산성	대전 유성구 안산동	
34			22호	백골산성	대전 동구 신하동	
35			24호	계현산성	대전 동구 삼괴동	

연번	분류	지정종류	지정번호	명칭	소재지	비고
36	성지 (성곽)		25호	비파산성	대전 동구 이사동	
37			30호	마산동산성	대전 동구 마산동	
38		시도기념물 (충 북)	83호	진천대모산성	충북 진천군 성석리	
39		시도기념물 (전 북)	9호	남원교룡산성	전북 남원시 산곡동	
40			13호	익산낭산산성	전북 익산시 낭산리	
41			20호	우금산성	전북 부안군 감교리	
42			38호	아막성	전북 남원시 성리	
43			51호	우덕리산성	전북 정읍시 우덕리	
44			52호	척문리산성	전북 남원시 척문리	
45			53호	고부구읍성	전북 정읍시 고부리	
46			54호	두승산성	전북 정읍시 입석리	
47			55호	금사동토성	전북 정읍시 은선리	
48			56호	은선리토성	전북 정읍시 은선리	
49			70호	금마도토성	전북 익산시 서고도리	
50			99호	천호산성	전북 익산시 호산리	
51			100호	성미산성	전북 임실군 덕촌리	
52		문화재자료 (전 북)	70호	홀어머니산성	전북 순창군 백산리	
53			71호	합미성	전북 순창군 신흥리	
54		시도기념물 (전 남)	59호	장흥수인산성	전남 장흥군 대리	
55			87호	나주회진성	전남 나주시 신풍리	
56			88호	나주자미산성	전남 나주시 대안리 신촌리	
57			157호	순천검단산성지	전남 순천시 성산리	
58			173호	광양마로산성	전남 광양시 용강리	
59			177호	광양불암산성	전남 광양시 비평리	
60			204호	여수고락산성	전남 여수시 둔덕동 미평동	
61			208호	고흥독치성	전남 고흥군 봉림리 상대리	
62			209호	고흥백치성	전남 고흥군 신호리	
63		시도기념물 (경 남)	22호	거열성	경남 거창군 상리	
64		문화재자료 (경 남)	92호	하성	경남 거창군 한기리	

6. 생산유적(生產遺蹟)

① 와요지(瓦窯址)

연번	분류	지정종류	지정번호	명칭	소재지	비고
1	와요지	사 적	373호	부여정암리와요지	충남 부여군 정암리	

② 도요지(陶窯址)

연번	분류	지정종류	지정번호	명칭	소재지	비고
1			99호	부여쌍북리요지	충남 부여군 쌍북리	
2		사 적	247호	사당동백제요지	서울 관악구 남현동	
3			325호	진천산수리백제요지	충북 진천군 산수리	
4	도요지		344호	진천삼용리백제토기요지	충북 진천군 삼룡리	
5		시도기념물 (충 남)	41호	부여쌍북리도요지	충남 부여군 쌍북리	
6		시도기념물 (전 북)	14호	익산백제토기도요지	전북 익산시 신용리	

③ 기타(其他) : 벽골제(碧骨堤, 치철지治鐵址)

연번	분류	지정종류	지정번호	명칭	소재지	비고
1	생산 유적	사 적	111호	김제벽골제비 및 제방	전북 김제시 월승리	
2		시도기념물 (충 북)	124호	진천석장리고대철생산유적	충북 진천군 석장리	

7. 기타유적(其他遺蹟)

연번	분류	지정종류	지정번호	명칭	소재지	비고
1		보 물	21호	당유인원기공비	국립부여박물관	
2	기타 유적	문화재자료 (충 남)	98호	고란사	충남 부여군 쌍북리	
3			110호	낙화암	충남 부여군 쌍북리	
4			115호	삼충사	충남 부여군 쌍북리	

8. 기타 동산문화재(其他 動産文化財)

연번	분류	지정종류	지정번호	명칭	소재지	비고
1	석탑		9호	정림사지오층석탑	충남 부여군 동남리	
2			11호	미륵사지석탑	전북 익산시 기양리	
3			154호	금제관식(왕)	국립공주박물관	
4			155호	금제관식(왕비)	국립공주박물관	
5			156호	금제심엽형이식(왕)	국립공주박물관	
6	금속공예		157호	금제수식부이식(왕비)	국립공주박물관	
7		국 보	158호	금제경식(왕비)	국립공주박물관	무령왕릉출토
8			159호	금제뒤꽂이	국립공주박물관	
9			160호	은제팔찌(왕비)	국립공주박물관	
10			161호	청동신수경	국립공주박물관	
11	석조		162호	석수	국립공주박물관	
12			163호	지석	국립공주박물관	
13	목공예		164호	두침	국립공주박물관	
14			165호	족좌(왕)	국립공주박물관	
15	금속공예		287호	부여능산리출토백제금동대향로	국립부여박물관	
16			295호	나주신촌리고분출토금동관	국립중앙박물관